堤　未果

日本が売られる

GS
幻冬舎新書
517

まえがき
いつの間にかどんどん売られる日本！

警告は、2015年の夏にやってきた。

ニューヨーク郊外にあるダイナーで目に見えない敵について語ってくれたのは、『貧困大国アメリカ』(岩波新書）シリーズの取材で出会った、26歳のジェラルド・ブレイザーだ。がっしりした体格に黒髪の巻き毛が幼さを残す元米兵は、3年前にイラクから帰還して、今は故郷で両親と妻と共に暮らしている。

「戦場では敵がどこに潜《ひそ》んでいるかの情報がないから、油断すると命とりになる。自分の周りが静かだから平和だろうと思い込むのが、最も危ない状態だ。木ばかり見ていると森は見えない。遠くのわかりやすい敵に気を取られ、近くにいる一番危険な敵を見落とせば、気づいた時には全方位囲まれ、あっという間にやられてしまう」

除隊した今でも、その感覚は残っているのかと私が聞くと、ジェラルドはゆっくりとうなずいた。

「イラクにいる時、あの戦争がテロ撲滅じゃなく石油のためで、米国民の生活を犠牲にして金儲けをしている連中がいると気づいた兵士たちがいた。俺たちは帰国してから、あちこちでそのことを訴えてきたけど、オバマ大統領が誕生すると有権者の多くはもう忘れてしまった。今はマスコミの凄まじいトランプ叩きで、対立が激化した保守とリベラルはヘイトスピーチ合戦に夢中、他のことは全然見ようとしない。理由はよくわからないが、俺たちが訴えている〈本当の敵〉は、いつの間にか有権者の視界から消えてしまったよ」

ジェラルドはこの時知ったのだった。

国民の忘却力と、それを加速させる恐ろしいほど強大な、マスコミの力というものを。

あの日冷房の効いた店内で、ジェラルドは日本に行きたいと私に告げた。動画サイトのネットフリックスで、日本のアニメにハマったという。

「日本には前から行きたかったんだ。水と安全がタダで、どこへ行っても美味しい食べ物があるなんて最高だ。災害の時でも略奪しないで行儀よく列に並ぶ日本人の姿をネットで見た時は、本当に衝撃的だった。俺の友人にも、日本に住みたいって言うやつがたくさんいるよ。日本は今人手が足りなくて、外国人でも3カ月住めば医療保険に入れるんだろう？　病気になると破産するリスクがあるアメリカにいるより、日本で仕事を見つける方が心配なく暮らせるだろうな」

「アメリカより日本に住む方が、安心して暮らせると？」
「そう。アメリカでは保育も介護も学校も病院も、今じゃまともに暮らすためのものが全部贅沢品になってるから。売国政府が俺たち国民の生活に値札をつけて、ウォール街と企業に売りまくってるからね」

ジェラルドのいう売国とは、「自国民の生活の基礎を解体し、外国に売り払うこと」を指している。自国民の命や安全や暮らしに関わる、水道、農地、種子、警察、消防、物流、教育、福祉、医療、土地などのモノやサービスを安定供給する責任を放棄して、市場を開放し、外国人にビジネスとして差し出すことだ。

冷戦後、戦争の舞台は金融市場へと移り、デリバティブがあらゆるものを国境を越えた投資商品にした。エネルギー、温暖化ガス排出権、国家の破産、食糧、水などが投機の対象になり、外交では他国への攻撃力を持つ新しい大量破壊兵器になる。

多国籍企業群は民間商品だけでなく公共財産にも触手《しょくしゅ》を伸ばし、土地や水道、空港に鉄道、森林や学校、病院、刑務所、福祉施設に老人ホームなどがオークションにかけられ、最高値で落札した企業の手に落ちるようになった。

企業は税金を使いながら利益を吸い上げ、トラブルがあったら、責任は自治体に負わせて速やかに国外に撤退する。水源の枯渇《こかつ》や土壌汚染、ハゲ山や住民の健康被害や教育難民、技術の流出や労働者の賃金低下など、本来企業が支払うべき〈社会的コスト〉の請求書は、納税者に押しつけられるのだ。

かつて経済学者たちが眉をひそめて問題視した「資本主義の社会的費用」は、今では取るに足らないことになった。このビジネスモデルは世界銀行やIMF（国際通貨基金）などの国際機関によって、これまで力の弱い途上国に強要されていたが、今やジェラルドのいうように、アメリカを始めアジアやヨーロッパの先進国でも、グローバル企業と癒着《ゆちゃく》した政府から自国民に仕掛けられている。

日本でもアメリカと同じように、2016年以降テレビ・新聞の異常なトランプ叩きが続き、この間私のところにも、報道されないトランプ大統領の実態を書いてほしいという依頼がいくつもきた。

ある編集者は私に言った。

「トランプの正体を見極めると同時に、アメリカと相対する北朝鮮など、敵の動きをしっかり把握しなければ、日本が本当に危ないですからね」

だが、本当にそうだろうか？

この手の話を聞くたびに、あの夏のジェラルドの言葉が蘇《よみがえ》り、私の中の違和感が、どんどん大きくなってゆく。

「遠くのわかりやすい敵に気を取られ、近くにいる一番危険な敵を見落とせば、気づいた時には全方位囲まれて、あっという間にやられてしまう」

今私たちは、トランプや金正恩《キムジョンウン》などのわかりやすい敵に目を奪われて、すぐ近くで息を潜めながら、大切なものを奪ってゆく別のものの存在を、見落としているのではないか。

9・11の後、「今だけカネだけ自分だけ」で突き進むウォール街の価値観に嫌気がさして、私は日本に帰国した。

若い米兵たちが憧れる、水と安全が保障され、どこへ行っても安全で美味しい食べ物が手に入り、病気になれば誰でもまともな治療が受けられる素晴らしい国。テレビをつければ外国人タレントがこぞってその良さを持ち上げる番組が不自然なほど大量に流され、私たちの自尊心をくすぐってくる。

だがそんな日本が、実は今猛スピードで内側から崩されていることに、一体どれほどの人が気づいているだろう？

次々に売られてゆく大切なものは、絶え間なく届けられる派手なニュースにかき消され、流れてゆく日常に埋もれて、見えなくなってしまっている。

ジェラルドのいた戦場と同じように、木だけを見て森を見なければ、本当に立ち向かうべきものは、その姿を現さない。

ならば、と私は思った。今、それを書いてみよう。

この本を手に取ってくれた読者と共に、忘れられた過去や、知らぬ間に変えられたものを一つずつ拾い上げ、それらを全てつなげることで霧が晴れるようにその全体像を現す、私たち日本人にとって、最大の危機を知るために。

ある晴れた　昼さがり　いちばへ　続く道
荷馬車が　ゴトゴト　子牛を　乗せてゆく
かわいい子牛　売られて行くよ
悲しそうなひとみで　見ているよ
ドナ　ドナ　ドナ　ドナ　子牛を　乗せて
ドナ　ドナ　ドナ　ドナ　荷馬車が　ゆれる

（「ドナドナ」訳詞　安井かずみ）

日本が売られる／目次

DTP・図版　美創

第1章 日本人の資産が売られる

1 水が売られる

「平成30年7月豪雨」がもたらしたもの

２０１８年7月。

西日本と北海道を中心に、日本を記録的豪雨が襲った。

広範囲での浸水、水道管は破裂し工場は爆発、学校や公共施設も水没し、雨で地盤が緩《ゆる》み家屋には土砂が流れ込む。自衛隊や消防隊がボートやヘリコプターで懸命に救助するも、豪雨災害としては平成で最悪の、２００人を超える死者を出したのだった。

豪雨の後の被災地に、さらに過酷な二次災害がやってくる。

連日37度を超える猛暑と水不足だ。

20万戸以上が断水し、トイレが流せない、お風呂に入れない、家の中に溜まった泥をかき出したスコップも洗えない。猛烈な暑さの中、水が飲めずに熱中症で死亡する人も出た。

愛媛県宇和島市吉田町の住民の1人は、ツイッターにこう書き込んだ。

「もうダメだ。水なしでは生きられない」

日本には「水と安全はタダ」という言葉がある。

水道普及率は97・9％（２０１５年度）、憲法第25条の生存権で守られた、国民にとって何よりも貴《とうと》い「命のインフラ」だ。

21億人（世界人口の10人中３人）が安全な飲み水を手に入れられず、45億人（10人中６人）が安全に管理されたトイレを使えないこの世界で、貧乏金持ち関係なく、いつでもどこでも蛇口をひねれば、綺麗に浄水された水が24時間出てきて飲める恵まれた国はそう多くない（ユニセフ＋ＷＨＯ、２０１７年データ）。

2025年時点の水不足率（予測）

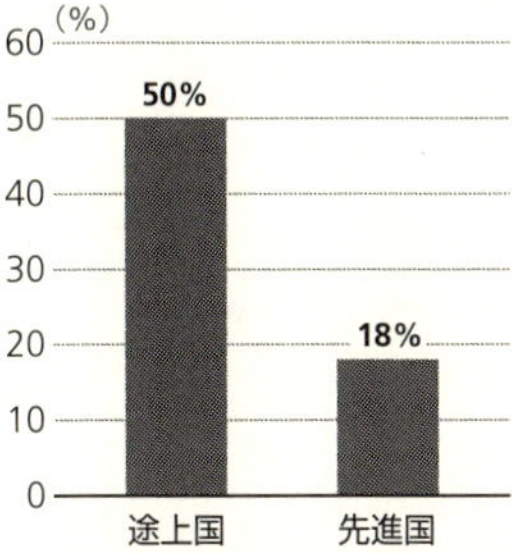

2025年に今よりこれだけ水が不足する

※各種資料をもとに堤オフィス作成

国土交通省が発表している水道水が飲める地域は、アジアでは日本とアラブ首長国連邦の２カ国のみ、その他はドイツ、オーストリア、アイルランド、スウェーデン（ストックホルムのみ）、アイスランド、フィンランド、ニュージーランド、オーストラリア（シドニーのみ）、クロアチア、スロベニア、南アフリカ、モザンビーク、レソトの15カ国（１９６カ国中）だ。

それがなければ生きられない、命のインフラ「水道」は、同時に巨大な金塊でもある。

ビジネスにすると、唸《うな》るように儲かるからだ。

1995年8月。当時世界銀行副総裁だったイスマイル・セラゲルディン氏はこう言った。

「20世紀は石油を奪い合う戦争だった。21世紀は水をめぐる戦争になるだろう」

そして、その言葉は現実になる。

「4000億ドル市場の水ビジネスに投資せよ」

水道民営化は1980年代、「新自由主義の父」と呼ばれた、シカゴ大学のミルトン・フリードマン教授から始まった。

まず南米で導入され、次にフリードマン教授の愛弟子《まなでし》であるサッチャー元首相がイギリスに導入、90年代には世界銀行やIMFなどの国際金融機関が水道民営化を債務国への融資条件に入れ、その波は北米から欧州諸国、南米、アジア、アフリカと、先進国と途上国の両方にみるみる拡大してゆく。

〈民間企業のノウハウを活かし、効率の良い運営と安価な水道料金を！〉

耳に心地よいスローガンと共に導入された水道民営化は、どんな現実をもたらしたのか。

公営から企業運営になった途端、水は「値札のついた商品」になる。

「採算度外視でも国民に安全な水を供給する」ことを目的とする公営水道と違い、運営権を手に入れた民間企業がまず最初にやることは、料金の改定だ。

世界の事例を見てみると、民営化後の水道料金は、ボリビアが2年で35%、南アフリカが4年で140%、オーストラリアが4年で200%、フランスは24年で265%、イギリスは25年で300%上昇している。

高騰した水道料金が払えずに、南アフリカでは1000万人が、イギリスでは数百万人が水道を止められ、フィリピンでは水企業群（仏スエズ社、米ベクテル社、英ユナイテッド・ユーティリティーズ社、三菱商事）によって、水道代が払えない人に市民が水を分けることも禁じられた。

民営化して米資本のベクテル社に運営を委託したボリビアの例を見てみよう。

採算の取れない貧困地区の水道管工事は一切行われず、月収の4分の1にもなる水道料金を払えない住民が井戸を掘ると、「水源が同じだから勝手にとるな」と、ベクテル社が井戸使用料を請求してくる。

困った住民が水を求めて公園に行くと、先回りしたベクテル社が水飲み場の蛇口を使用禁止にし、最終手段で彼らがバケツに雨水を溜めると、今度は一杯ごとに数セント（数円）徴収するという徹底ぶりだった。

株式会社の最大の役目は、株主に投資した分の見返りを手渡すことだ。与えられた使命を全力でこなすベクテル社に対する、株主たちの信頼は厚い。追いつめられ汚れた川の水を飲んだ住民が感染症でバタバタ死亡する間も、運営権を持つベクテル社の役員や株主への報酬は、止《とど》まることなく確実に支払われていた。

水は21世紀の超優良投資商品

世界中のどこでやっても、じゃぶじゃぶ儲かる水道ビジネスは、「開発経済学」の概念を全く新しいものに上書きしてゆく。

開発とはもはや「そこに住む人々の生活向上と地域発展のため」ではなく、「貴重な資源に市場価値をつけ、それをいかに効率よく使うか」という投資家優先の考え方になっていった。

世界銀行やアジア開発銀行（ADB）、アフリカ開発銀行などの多国間開発銀行とIMFは、財政危機の途上国を「救済する」融資の条件に、必ず水道、電気、ガスなどの公共インフラ民営化を要求する。

断ればIMFはその国を容赦なくブラックリストに載せるため、途上国側に選択肢はない。

国際金貸しカルテルの親玉であるIMFのブラックリストに載せられたら最後、援助国の政府や金融機関は、もうその国に援助をしなくなるからだ。

この手法により、水の民営化は南米やアフリカ、アジアの国々に広がっていった。前述したボリビアや、90年代の韓国、最近では金融危機でＩＭＦに支援を要請したギリシャも同様だ。

多国間開発銀行は財源不足の水道を抱える国に対し、まず公共水道事業の一部を民間企業に委託させ、それから水道の所有権や運営権を企業に売却できるよう法改正させる。

その際、国民が疑問を持たないよう「民営化こそが解決策だ」という全国キャンペーンを展開させることも忘れない。

彼らは水道だけでなく、「医療」「農業」「教育」の民営化を世界各地に広げるべく、尽力し続けている。

世界銀行の評価セクションには、この手法を使われた多くの国が、水の水質や安定供給に対し大きな不満を表明しているというデータが届いていた。だがそうした当事者たちの声が問題になることはなかった。同行の「民間開発戦略」の中心はあくまでも「投資家のための環境改善策」（民営化、競争、規制緩和、〈企業の〉所有権強化）であり、そちらの方がはるかに優先順位が上なのだ。

「水がタダの時代は終わった」～世界水会議～

１９９６年、水道民営化を推進する国際シンクタンク「世界水会議」が、フランスに設立される。

会長は世界3大水企業の一つである、仏ヴェオリア社の子会社社長のルイ・フォション氏だ。

現在世界の3大水企業は、水男爵と呼ばれる仏のヴェオリア社とスエズ社、英のテムズ・ウォーター社の3社だが、世界水会議が3年に一度開催する「世界水フォーラム」には、彼らを筆頭に世界銀行やIMF、アジア開発銀行に大手グローバル水道企業、各種投資家などが集まり、いかに世界に水ビジネス市場を広げてゆくかを話し合う。

2000年に行われた第二回世界水会議では、水道ビジネスにかかったコストは、全てその地域の消費者から回収すべきだとする「フルコスト・プライシング」という新ビジョンが打ち出された。

なにせ水ビジネスは世銀元副総裁の言うように、石油よりも巨大な金脈、21世紀の超優良投資商品なのだ。

多くの国際協定もまた、国境を越えた水ビジネスを精力的に推進している。

例えばNAFTA（北米自由貿易協定）は締結国に対し、フェアな競争を維持するという名目で、商業用水源利用における国内企業優遇政策を禁止した。さらに3国間での大規模な水の輸出入によって環境被害が発生しても、企業側には輸出量削減や輸出停止などの措置は一切課されない。

水企業と投資家たちは確信していた。

飲み水がタダの時代は終わった。そして、これはまだまだ序の口なのだ。

グローバル食品メーカー最大手のネスレ社が行った調査によると、「2025年までに地球の3分の1の人々が新鮮な水にアクセスできなくなり、2050年までには、地球は壊滅的な水不足に陥る」という。

水という「商品」につけられる値段は、ますます釣り上げられていくだろう。

2018年7月の経産省のデータによると、2015年に84兆円だった世界の水ビジネス市場は、2020年には100兆円を超えると予測されている。

「もう嫌だ、再公営化する!」すると莫大な請求書が……

世界の水道民営化に関する調査機関PSIRU（公共サービス国際研究所）のデータによると、2000年から2015年の間に、世界37カ国235都市が、一度民営化した水道事業を、再び公営に戻している。

主な理由は、①水道料金高騰、②財政の透明性欠如、③公営が民間企業を監督する難しさ、④劣悪な運営、⑤過度な人員削減によるサービス低下、などだ。

民営化推進派はこんな風に言う。

水道事業の再公営化の世界的趨勢

2000年から2014年の間に水道および下水道事業を再公営化した自治体の数

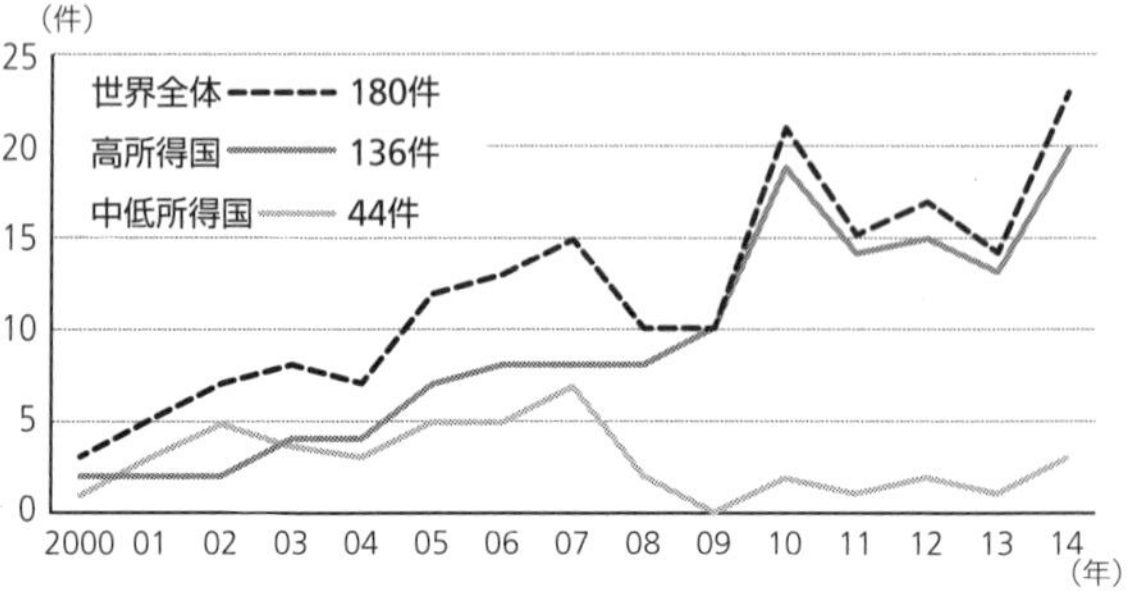

出典：公共サービス国際研究所

「やってみなければ、わからないじゃないか。うまくいかなければ、また国営に戻せばいい」

だが一旦民間に渡したものを取り返すのは、そう簡単ではない。

契約打ち切りで予定していた利益が得られなくなる企業側も、黙っていないからだ。

全米の水道事業の24％が民営化されている貧困大国アメリカでは、１９９８年に水道を民営化したジョージア州アトランタ市が、〈水道管から泥水が噴出する〉〈蛇口から茶色い水が出てくる〉などの苦情が多発したため、５年後の２００３年に再び市営に戻すことを決定し、痛い目に遭っている。企業に売った水道事業の株式を全部買い戻すためにかかった莫大な費用が、全て税金として市民の肩にのしかかったのだ。

同じく再公営化を申し出たインディアナ州は、ヴェオリア社と結んだ契約期間がまだ10年間残っていたため、

２９００万ドル（約29億円）の違約金を支払わされている。

ボリビアのコチャバンバ市が40年の契約期間を途中解除した際、米ベクテル社に支払った金額は２５００万ドル（約25億円）だ。それだけあればボリビアで2万５０００人の教師を新しく雇い、貧困家庭12万世帯に水道を引くことができる。

結局、公共水道民間委託のツケを最初から最後まで払わされたのは、ボリビアの納税者だった。

「水は権利」のプラカードを掲げて民営化に反対する人々／出典：occupy.com

再公営化のために一度結んだ契約を解除する際、得られるはずの利益を侵害したとして、企業側から訴えられるケースも少なくない。

国内18の水道事業を民営化し、その後バクテリア検出や供給不備などのトラブルで半数を国営に戻したアルゼンチン政府は、再国営化の際、契約していた9企業のうち6社から提訴された。

この手の裁判は「企業利益に損害を与えたかどうか」が判断基準になるため、政府側は圧倒的に不利になる。

裁判は全てアルゼンチン政府が敗訴、賠償額は6社のうち米資本のアジュリ1社だけで、１億６５００万ドル（約１６５億円）だった。

だが、そこまで巨額の賠償金を支払ってでも水道を公営に戻したいという国は後を絶たず、1990年代から本格化した水の民営化は、その後2005年頃をピークに減り始める。

そんな中、世界の流れと逆行し、今になって水道民営化を高らかに叫び出した国が、ここ日本だった。

世界が水道再公営化に向かう中、日本は民営化をスタート

高度成長期に作った日本全国の水道管は、現在約1割が耐用年数を超えている。

だが修理しようにも、肝心の都道府県の財政は火の車、人件費もギリギリまで減らし、給水人口5000人以下の自治体では職員が1人か2人、技能者に至ってはなんと「ゼロ」だ。

事業の9割は黒字経営だが、人口5万人を切る自治体では赤字になっている。

本来国民の命に関わる水道は、憲法第25条の適用で国が責任を取る分野だが、残念ながら我が国の政府にその気はなかった。

代わりに打ち出されたのは、世銀や多国間開発銀行、投資家たちが推進する手法、日本の水道を企業に売り渡す「民営化」だ。

実は日本の水道は、全国に「民営化」「規制緩和」というキーワードを流行《はや》らせた小泉政権下で、当時経済産業大臣だった竹中平蔵氏の主導により、すでに業務の大半を民間に委託でき

るよう法律が変えられている。

だが外国人投資家たちには、大きな不満があった。

台風や豪雨や地震などしょっちゅう自然災害が起きる日本では、その度に全国で老朽化した水道管が壊れ、莫大な復旧費用がかかるのだ。

世界最大の水ビジネス企業である仏ヴェオリア社の日本法人が、広島市と埼玉県の下水処理場、福岡県大牟田市と熊本県荒尾市での運営権など一部を手に入れているものの、この投資リスクのせいで、なかなか日本全国の水道への本格的な外資参入が進まない。

「30兆円規模の巨大資産」を前に、投資家たちはフラストレーションを募らせていた。

外資が日本の水道を買いやすくするためには、企業にとってのリスクを減らし、確実にリターンが見込めるよう、政府がチェンジを起こさねばならない。

２０１１年3月11日。東日本大震災当日に、民主党政権は公共施設の運営権を民間に渡し、民間企業が水道料金を決めて徴収できるよう、ＰＦＩ法改正案を閣議決定する。自治体が水道を所有したまま、運営だけ民間企業に委託するという「コンセッション方式」の導入だ。

災害時に破損した水道管の修理などは自治体と企業で折半し、利益は企業のものになる。

結果が出たのはそれから1年後の２０１２年3月、ついに外国企業が単独で日本の水道事業を運営する初のケースが現れた。

水道事業における「業務委託」と「コンセッション方式」の違い

	業務委託	コンセッション方式
運営	地方自治体	民間企業
所有	地方自治体	地方自治体
民間企業の業務内容	検針、料金徴収、ポンプ場経営など	水道事業をまとめて運営
契約期間	毎年更新	15年以上の長期OK
企業側の裁量	業務委託契約の範囲内	企画から実行まで全て
収入源	自治体からの委託料	**水道料金**

※各種資料をもとに堤オフィス作成

仏ヴェオリア社の日本法人が、松山市の浄水場運営権を手に入れたのだ。契約期間5年、ついた値札は12億9654万円だった。民営化推進派はこの契約を、いつものフレーズで礼賛《らいさん》した。

〈公共サービスを民間企業に任せることで、無駄がなくなり水道料金は下がり、サービスの質は上がるだろう〉

だがここに、見落としてはならない事実が一つある。

複数の電力会社が一つの送電網を共有して電気を流す電力と違い、1本の水道管がつなぐ水道は、1地域につき1社独占になる。つまり水道というインフラには、利用者を引きつけるためにサービスの質や価格の安さで勝負しなければと民間企業に思わせるための〈競争〉が存在しないのだ。

「日本の水道バーゲンセール」のお知らせ

売りたいものがある時に、お客様へのセール告知は欠かせない。

２０１３年４月。当時の麻生太郎副総理は、米国ワシントンにあるシンクタンク「戦略国際問題研究所（Center for Strategic and International Studies）」の席で、こう発言した。

「世界中ほとんどの国では、プライベートの会社が水道を運営しておられますが、日本では自治省以外では、この水道を扱うことができません。

しかし水道料金の回収が99・9％というようなシステムを持っている国は、日本の水道会社以外にありませんけれども、この水道は全て国営もしくは市営、町営でできていて、こういったものを全て……民営化します」

国際交渉の場でもなんでもない、他国の民間シンクタンク主催のイベントで、副総理がこんな重大なこと（水道バーゲンセールのお知らせ）を宣言するのは論外だろう。

映像には「民営化します」という力強い発言が出た瞬間、隣に座っていたマイケル・グリーン氏が、興奮したのか思わず手元の水を飲む姿が映っている。

麻生副総理は口だけでなく、行動する人間だ。

日本政府は同じ月に、早速ＥＵ（欧州連合）と経済連携協定の交渉を開始した。

この協定には、公共事業に外資が一気に参入できる仕掛けが埋め込まれている。

日本が持つ宝の山へのパスポートとなる日欧ＥＰＡ（経済連携協定）に、ヴェオリア社幹部と投資家たちが胸をときめかせたことは言うまでもない。

大阪市では「水を企業に委ねてええの?」

麻生副総理による水道バーゲンセール告知の2日前、「公共インフラの運営権を民間企業に売却しましょう」と日本政府に提案していた、もう1人のキーパーソンがいた。

小泉政権で日本の水道を最初に民営化した立役者であり、今は安倍政権の産業競争力会議メンバーである、竹中平蔵民間議員(注:議員といっても選挙で選ばれるのではなく総理が指名。現在各分野の規制緩和法案骨子《こつし》は彼らによって作られている)だ。

竹中氏はこの時、2012年に橋下徹市長(当時)が「水道民営化構想」を掲げていた大阪市を、優良事例として紹介した。

「競争がサービスの質を上げ、水道料金を下げ、それが市民に還元される!」

橋下市長は水道民営化のメリットを繰り返し強調し、2014年4月に水道事業の運営権(30年)を、市が全額出資する民間企業に2300億円で売る方針を発表する。

だがシビアな大阪人たちは瞬時に算盤《そろばん》を弾き、この提案に眉をひそめた。

その提案があった年、大阪の水道事業は103億円の利益を上げていたからだ。

長期間かけて少しずつ返済する債務はあるが、経営は黒字。2003年の高度浄化処理システム導入以降は品質の良い美味しい水が安く供給できている、優良自治体なのだ。

なぜわざわざ民営化するのか?

2300億円？

最初は100％市の出資でも、5年後からは民間も出資できるというのがどうもキナ臭い。

「大阪が水道民営化の実験場にされる」と警戒した平松邦夫前大阪市長は、「大災害が起きた時、ライフラインの復旧が公営でなく民営だと国の支援を受けられる保障がない。水道は民営化すべきでない」と強く反対、「生命の源、水を営利企業にゆだねてええの？」と題して市内で緊急集会を開き、市民にパブリックコメントの提出を呼びかける。

結局、民間企業が運営することで水道料金が上がるリスクや、企業側のコスト削減による水質悪化などの懸念が出され、大阪市の水道民営化法案は市議会で否決された。

後任の吉村洋文市長が2017年3月に再度民営化を提案したが、市議会は納得せず、再び廃案にされている。

同じように市の条例を改正し水道を民営化しようとした奈良市も、やはり市議会が承認していない。

民営化推進派は腰を上げた。仕方ない、自治体がぶうぶう言うならば、与党が多数を持つ国政から、一つ後押ししてやるとするか。

竹中平蔵氏や麻生太郎副総理の主導で法改正がどんどん進められ、その間マスコミは行儀よく沈黙していた。

民営化を渋る自治体の鼻先にニンジンをぶらさげよ

2018年5月、企業に公共水道の運営権を持たせるPFI法を促進する法律が可決する。

まずは自治体が水道民営化しやすいよう、企業に運営権を売った自治体は、地方債の元本一括繰り上げ返済の際、利息が最大全額免除されるようにした。

日本の自治体はどこも財政難だ。借金返済軽減という特典がついてくるなら、今後は積極的に水道民営化を選ぶだろう。その際自治体と企業がスピーディに契約できるよう、今までの面倒なステップもなくし、ごく簡単な手続きだけでOKにする。

「水道料金」は、厚労省の許可がなくても、届けさえ出せば企業が変更できるようにした。

実は日本の水道が電気と同じ「原価総括方式」であることは、あまり知られていない。

水道設備の更新費用のみならず、株主や役員への報酬、法人税や内部留保なども全て「水道料金」に上乗せできる。人口が年々減っているのに、今もダム建設が止まらず水道料金が上がり続けるのはこのためだ（電気料金は2020年で総括原価方式を廃止予定）。

料金については自治体が「上限を設定できる」ことになっているが、これについては企業側が心配する必要はないだろう。水道はその地域を1社が独占できるため、値上げ交渉では企業が圧倒的に有利になるからだ。

設備投資の回収や維持費など、あれこれ理由をつけて値上げの正当性を訴えれば、他に選択肢のない自治体はノーと言えなくなる。

口うるさい議会の反対で足を引っ張られた大阪市の二の舞にならぬよう、「上下水道や公共施設の運営権を民間に売る際は、地方議会の承認不要」という特例もしっかりと法律に盛り込まれた。これで水道の運営権を売買する際、議会は手出しできなくなる。

ウォール街の投資家たちは大満足だった。

日本の水道運営権は、巨額の手数料が動く優良投資商品になるだろう。

何よりも素晴らしいのは、災害時に水道管が壊れた場合の修復も、国民への水の安定供給も、どちらも運営する企業でなく、自治体が責任を負うことになったことだ。

日本の法律では、電気やガスは「電気事業法」「ガス事業法」という法律のおかげで、ガスや電気の安定供給の責任はしっかり事業者に課せられている。

だが水道だけは「水道事業法」が存在しないのだ。それをいいことに今回の法改正では、その責任は事業者から自治体につけ替えられた。

これなら企業は自然災害大国日本で、リスクを負わず、自社の利益だけを追求すればいい。

国政が水道民営化を後押しするこの法案の可決から1カ月後の2018年6月。大阪市は市内全域の水道メーター検針・計量審査と水道料金徴収業務を、仏ヴェオリア社の日本法人に委託した。宮城県も2020年から、県内の上下水道運営権を民間企業に渡す方針だ。

静岡県浜松市は、2017年に国内初の下水道長期運営権を仏ヴェオリア社に売却し、20年の契約を結んでいる。熊本県合志《こうし》市、栃木県小山《おやま》市も後に続いた。

今後この動きは、全国でスピーディに広がってゆくだろう。

オウム真理教の死刑でかき消された「水道民営化法案」

水道を所有したまま運営権だけ企業に売る自治体が増え始めたら、いよいよ次のステップだ。

複数の自治体の水道を一つにまとめ、水ビジネスを大規模化する。さらに水道料金に関する部分を、「公正妥当な料金」から「健全な経営のための公正な料金」と書き換えて、企業の利益を保障するための値段設定ができるようにした。これで自治体のつけた料金上限を超えた値上げをしても、企業側は「健全な経営のため」だと言って正当化できるようになる。

2018年7月5日。水道民営化を含む「水道法改正案」は、委員会で9時間、本会議ではわずか2日の審議を経て、衆議院本会議で可決された。

だが大半の国民は、この重大な法律に全く気づかなかった。

本来なら新聞の一面にデカデカと乗り、テレビで大きく取り上げられるはずのこのニュースが、紙面のどこにもなかったからだ。

日本中のマスコミは足並みを揃えたように、オウム真理教の麻原彰晃と幹部7人死刑執行の話題を一斉に流し、日本人のライフラインである水道が売られることへの危険について、取り上げることはなかった。

この法案の最終採決は秋の臨時国会以降になるが、すでに6月の大阪府北部地震で起きた水道管破損を理由に、「民間のノウハウが必要」というロジックが展開されている。

2018年7月上旬、西日本は未曽有の豪雨災害に見舞われた。

近畿や四国などで記録的な大雨が降り、200人を超える犠牲者と甚大な住宅被害を出したこの災害で総理の外遊がキャンセルされると、代わりにEUのトゥスク大統領とユンケル欧州委員長が来日し、日欧EPAが正式に署名された。

麻生副総理が米国で誇らしげに語った「水道料金回収率99・9%」を持つ日本の水道事業、30兆円の価値を持つ「日本の資産」への入り口が、音を立てて開いてゆく瞬間だった。

だが、この話には続きがある。

日欧EPAを全力で進めた欧州委員会には、巨額の利益をもたらす水道ビジネスの他にも、日本を舞台にしたいくつかの壮大な事業計画があったのだ。

2 土が売られる

次は核のゴミビジネスだ

2016年4月。ヴェオリア社CEOアントワーヌ・フレロ氏は日本経済新聞に対し、日本で放射性廃棄物ビジネスに乗り出す計画を明らかにした。

環境省が、福島第一原発事故で出た放射性廃棄物のうち8000ベクレル／kg以下の汚染土を、公共工事で再利用することを正式決定したからだ。

環境省は、原発事故前は100ベクレル／kgだった放射性廃棄物の「厳重管理・処分基準値」を、原発事故後80倍に引き上げていた。

だが、あまりに量が多く、置き場所もない。

そこで通常ゴミと一緒に焼却するだけでなく、公共工事にも使うことにした。

公共事業に再利用した時の被曝評価がないことや、8000ベクレル以下でもすぐに健康リスクの上限を超えてしまうことなどが環境団体から指摘されたが、環境省はそれについては特に説明しなかった。

8000ベクレル／kgという、世界でもぶっちぎりの緩い基準値と、それを公共施設の建築に使うという日本政府のアイデアに、低レベル放射性廃棄物の処理に頭を抱える世界各国は、ショックと共に、安堵を覚えたことだろう。

他国では線量が高すぎて処理できない廃棄物も、日本なら一般ゴミとして処分が可能になる。日本でこの商売を始めるヴェオリア社を筆頭に、このビジネスは今後拡大してゆくだろう。つまり、これから先厄介な核のゴミは、日本に持っていきさえすれば、有料で再利用してもらえるチャンスが出てきたのだ。

そうなれば、処理方法にうるさい自国民の目を気にするストレスもなくなる。

日本まで運ぶ費用を差し引いても、十分お釣りがくるだろう。

日本は宝の山

さらに日本国内では、福島第一原発事故後の汚染土だけでなく、今後次々に満期を迎え廃炉になる原発からも大量の廃棄物が出る。

長年グローバルビジネスで培ったフレロ氏の嗅覚は、このチャンスをしっかりと嗅《か》ぎつけた。

2016年3月には、放射性廃棄物処理分野の最先端技術を持つアメリカのキュリオン社を3億5000万ドル（約400億円）で買収。日本の水道と放射性廃棄物をビジネスにするという、2つのビッグプロジェクトが回り始めた。

2019年に日欧EPAが施行されれば、「政府調達」で公共事業の入札が外資に開かれる。

最先端技術を持つ世界最大手グローバル企業であるヴェオリア社に、勝てる企業はまずないだろう。

フレロ氏の嗅覚が、はっきりとこう告げていた。

〈日本は宝の山だ〉

ヴェオリア社はさらにもう一つ、2014年から日本の株式会社タケエイと業務・資本提携し、バイオマス発電事業にも乗り出している。

ターゲットとなる金塊は、日本の森林から出る木材チップだ。

日本国内の森林所有者が権利を持っているためになかなか大規模な伐採《ばっさい》が進まないが、こちらも政府の規制改革会議メンバーが、きっと良い仕事をしてくれるに違いない。

一方、タガが外れた環境省の暴走は加速してゆく。

2018年6月1日。

今度は原発事故後に除染した汚染土を公園や緑地の園芸などにも再利用することを決定する。

もちろん国民の健康対策もしっかり入れた。工事をする作業員やその地域に住む住民の被曝量が年間1ミリシーベルトという健康リスク上限を超えないようセシウム濃度を調整し、最後に汚染されていない土を50センチかけるのだ。相変わらず恐るべき緩さだった。

全国各地で民間企業による産業廃棄物の不法投棄が後を絶たないここ日本で、放射性廃棄物である汚染土ビジネスに道を開くことのリスクを、果たして環境省はわかっているのだろうか？

「環境を守らない環境省」とは、一体どんなジョークだろう？

土が汚れれば、その下にある地下水も汚染される。

想像してみてほしい。

地下水と放射性廃棄物処理の両方を1社の外国企業が握るということが、日本人の命と健康にとって、何を意味しているのかを。

3　タネが売られる

「二度と日本の民を飢え死にさせてはならない」

2017年4月14日。

日本人の食に関わる世にも重要な法律が、衆議院と参議院、合計わずか12時間の審議だけで、あっさりと採決された。

森友問題の報道に隠れ、ほとんどの国民が全く気づかなかったこの法律の名は、「主要農作物種子法」(以下「種子法」)だ。

誕生したのは1952年。敗戦後の日本で先人たちはこう考えた。

「もう二度と、日本の民を飢え死にさせてはならない」

そこで、日本人の主食である「コメ・麦・大豆」という3大主要農産物が、どんな時にも安定供給されるよう、それらの種子の生産と普及を国の責任にした「種子法」を導入する。

種子の生産と開発は、手間と時間とコストがかかる作業だ。

例えばコメの種子は、農家に届くまでに最低4年かかる上、特定地域の希少米だと市場に出る量も少なく、手間暇かけて作ってもちっとも元が取れない。

「割りに合わないから種子は作らない」と農家に言われては困るので、「種子法」によって、「種子の開発予算」は都道府県が負担するようにした。

こうして主食の種子は国の管理下に置かれ、自治体の農業試験場で県職員が原種(採種園《さいしゅえん》にまく種)と原原種(原種の種)を生産し、それが種子栽培農家に配られるという流れができる。

種子農家は自治体の厳しいチェックを受けながら、雑草や異株などの抜き取り作業を繰り返して種子を完成させてゆく。かなり労力がかかるが、できた種子は全てJA(農業協同組合)が安定価格で買い取ってくれるので心配はいらない。

「種子法」のおかげでJAがそれを売る時も、「公共種子」として安く売られ、一般農家は安定した価格で買うことができる。

この法律によって種子は「日本人の公共資産」として大切に扱われ、47都道府県の奨励品種だけで300種以上のコメができた。このうち食卓にのぼるのは約270種、一都道府県につき、ざっと5、6種ある計算になる。

農産物の種類が多いことは、国家にとって食の安全保障に関わるリスクヘッジとして有効だ。万が一、台風や疫病などでコメがやられても、他の地域に別の品種が生き残っていれば、主食が手に入らないという国レベルの惨事は防ぐことができる。

地味でほとんど知られていない「種子法」、だがその中身は、まさに私たち日本人の食の安全保障を守ってきた、極めて重要な法律だったのだ。

種子法が廃止された今、公的制度や予算なしに農家が自力で種子開発をするのは経済的にも物理的にも厳しくなる。安い公共種子が作られなくなると、農家は開発費を上乗せした民間企業の高価な種子（現在、公共種子の約10倍の値段）を買うしかなくなり、その分、これから日本人の主食である、コメの値段も上がってゆくだろう。

企業は、採算が取れない事業からは撤退するのが鉄則だ。特定地域でしか取れず流通も少ない希少米を作る人がいなくなれば、300種以上ある日本のコメの銘柄は減り、私たちは災害時に必要な「主食の多様性」を失うことになる。

だが企業が喉から手が出るほど欲しがっていたのは、市場規模の小さい希少米よりも、日本人が持つ、もっとずっと大きな資産の方だった。

その願いは、種子法廃止と同時期に導入された「農業競争力強化支援法」が叶えてくれることになる。

こちらも種子法に負けず劣らず知られていない。

大手マスコミのミュートボタンは、依然として押されたままなのだ。

それは今まで日本の都道府県が多大な努力をはらい蓄積してきた「公共種子の開発データ」を、民間企業に無料で提供するというショッキングな内容だった。

〈汗水垂らして日本人が開発した知的財産である種子データを、なぜ企業に渡すのか？〉

〈民間のコメはすでに奨励品種として市場に入っている。なぜわざわざ種子法自体を廃止するのか？〉

現場の関係者は口々に疑問をぶつけたが、規制改革推進会議メンバーと農水官僚のどちらからも、まともな回答は出てきていない。

それは当然のことだろう。そこには2つの語られぬ現実があるからだ。

公共種子のデータ開放は、TPP第18章（知的財産の章）に沿っている。

そして「種子」そのものが、すでに「国民の腹を満たすためのもの」から「巨額の利益をもたらす商品」と化し、世界的なマネーゲームの道具と化しているのだ。

「食をコントロールする者が人民を支配する」

始まりは、1970年代の後半だった。

石油価格の高騰と異常気象による世界食糧危機によって、当時世界の穀物貯蔵の95%を押さえていたアメリカ企業6社が、濡れ手に粟《あわ》の大儲けをした。

圧倒的な資本力を持つ彼らの意向を受け、アメリカ政府は食糧を、「自国民を食べさせるもの」から「外交上の武器」という位置づけに変えてゆく。

「食をコントロールする者が人民を支配し、

エネルギーをコントロールする者が国家を支配し、

金融をコントロールする者が世界を支配する」

そう説いた当時のヘンリー・キッシンジャー国務長官と、ハーバード大学プロジェクトチーム指揮下で、米国の農業を「アグリビジネス」にする巨大なプロジェクトが始まった。

19世紀後半に初めて完全な垂直統合を果たし、鉄壁《てっぺき》の独占支配体制を築き上げた石油業界と同じモデルが、今度は自国の「農と食」に適用され、米国の農業・食品業界は、一気に再編され始める。

この一連の改革を「人類史の中でも最も大きく世界経済を変える改革」と呼んだハーバード大学のレイ・ゴールドバーグ教授は、自国内の農業・食の統合が完成すると、今度は2028年までを見据え、世界中を対象にした、8兆ドル（約800兆円）規模の「アグリビジネス30年計画」に着手した。その中心は、複数の生物遺伝子を人工的に合体させ、全く新しい遺伝子構成に組み換える「遺伝子組み換え作物」だ。

「遺伝子組み換え作物」という新しい武器

アメリカでは1996年から遺伝子組み換え種子の商業利用が開始された。

現在米国内で作付けされている大豆、綿、トウモロコシの9割以上で遺伝子が組み換えられ、国内流通加工食品の9割に、遺伝子組み換え原材料が使用されている。

業界最大手の米モンサント社（2018年に独バイエル社が買収）は、遺伝子工学で1年しか発芽しない種子（F1種子）を作り、その種子が自社製品の農薬にのみ耐性を持つように遺伝子を組み換えることに成功した。

これは画期的な発明だった。他の農薬を使うと枯れてしまうため、一度この種子を使った農家は、その後もずっと同社の種子と農薬をセットで買い続けることになるからだ。

セット販売された農薬や除草剤は最初のうちは面白いように効くが、害虫やカビ、雑草などは、数種の農薬を交互に使わず特定の農薬だけを長期使用すると、だんだん耐性ができて効かなくなってくる。仕方なく使用量を増やすと、今度はそれに耐性をつけた強力な雑草が発生し、それを枯らすためにさらに農薬量を増やすという悪循環にはまるのだ。農薬を使いすぎて汚染された土壌では、もはや遺伝子組み換え以外の種子は作付けできなくなってしまう。

各地で農家が声をあげても、モンサント社を始めバイオ業界の人間が多数送り込まれているFDA（米国食品医薬品局）は耳を貸さず、業界を規制する法律は一本もできなかった。

この技術は同社に巨額の利益をもたらしただけでなく、その後世界中を、食をめぐる巨大なマネーゲームの渦に巻き込んでゆく。

兵器を使わず農業で他国を侵略せよ

国内の食料供給体制を作り変えたアメリカ政府は、次に国外に市場を広げ始める。

掲げられたのは「強い農業」「財政再建」「人道支援」「国際競争力」などのキーワードだ。

まずはその国の農地を集約し、輸出用作物の単一栽培を導入させる。企業が農業に参入できるよう法律を緩め、手に入れた農地で大規模農業を展開、価格競争に負けた現地の小規模農家を追い出した後は、米国資本が参入し、実質的に経営を動かしてゆく。

自国民のために公共の種子を守る「種子法」のような法律があれば、速やかに「廃止」させ民間企業に開放させる。

その後は輸出用の遺伝子組み換え種子を植えるための、単一栽培面積を増やしてゆけばいい。種子の特許は全てモンサント社やデュポン社などのバイオ企業が所有しているため、各国の生産者たちが気づいた時には、同社の種子と農薬のセット購入と、特許使用料を支払う無限ループに組み込まれている。

このような手法でアメリカ政府は、インド、イラク、アルゼンチン、メキシコ、ブラジル、オーストラリアなど、多くの国々の農業を次々に手に入れていった。

拙著『(株) 貧困大国アメリカ』(岩波新書) で詳しく書いたが、イラク戦争のもう一つの目的がアグリビジネスだったという事実は、ほとんど知られていない。

米英による爆撃後のイラクでは、アメリカの企業が新しく遺伝子組み換え種子と農薬、農機具を提供し、イラク農民はモンサント社などの種子企業と結ばされるライセンス契約と引き換えに、食の主権を奪われたのだった。

自然災害に見舞われた途上国には、「復興支援」の名の下に遺伝子組み換え種子と農薬のセットを無償で提供する。

人道キャンペーンと米国式アグリビジネスのコンビは最高に相性が良い。他国の不幸に胸を痛める自国民とバイオ企業の株主の、両方から高く評価されるからだ。

企業による遺伝子組み換え種子の作付けが始まると、その範囲はじわじわと拡大してゆく。例えば風で花粉が拡散すれば、着地した別の畑で企業の特許がついた遺伝子組み換え種子が勝手に芽吹き、後日企業に使用料を請求されることになる。

90年代半ば、膨れ上がる財政赤字と経済活性化のために「国のインフラ民営化と、農業の成長産業化が必要だ」と力説したアルゼンチン政府は、国内産業を保護していた既存の体制を次々に解体し、バイオ企業の社員を大勢入れた政府の諮問委員会が、遺伝子組み換え大豆の栽培プロジェクトを進めていった。

農地規制が緩和され、外資が土地を買い占めると、伝統的な農業は解体され、巨大な遺伝子組み換え大豆畑が作られる。その大豆だけが耐性を持つ除草剤の空中散布によって、周辺農家の作物は全て枯れ、農薬漬けになった土が使えなくなり農家が廃業すると、企業はその土地を最安値で買い上げ、遺伝子組み換え大豆を植えるのだ。

GPSで遠隔操作できる機械設備や、ドローンを使う最新型の遺伝子組み換え大豆畑には、人間の労働力はほとんど必要ない。お払い箱になった何十万人もの農民が、土地を失い、経済難民となって、都市部のスラムに流れていった。

アメリカにゲームを仕掛けられる前のアルゼンチンは食の多様性を誇っていたが、国内の畑が遺伝子組み換え大豆一色になった後は、経済不況時に飢餓で死ぬ国民が続出した。

アルゼンチンの農地を侵略した遺伝子組み換え大豆の種子は、やがて隣国のブラジルに密輸されて広がってゆく。その結果、今では、アメリカ・アルゼンチン・ブラジルの3国だけで、世界の遺伝子組み換え大豆の81％を占めるようになったのだった。

そうこうしている間にも、多国籍バイオ企業は熾烈《しれつ》な食い合いを続け、ついに世界の種子のほとんどを支配するようになったトップ7社の幹部たちは考えた。今までは一国ごとに参入していたが、そろそろもっと効率の良いやり方に進化させるべき時だろう。

各国の憲法や法律を超越し、一気に市場を広げられる「自由貿易体制」という新しい手法に。

バイオ企業群の要望は、95年に設立されたWTO（世界貿易機関）によって叶えられることになる。

WTOの誕生によって、それまでアメリカ国内にしか存在しなかった、「植物という生命に特許を与える法的な枠組み」が、知的所有権保護の規定の中に盛り込まれたのだ。

人類の生存と主権国家の経済基盤であるはずの「種子」は、「知的財産という商品」になり、遺伝子組み換えであるなしにかかわらず、種子開発と特許取得を競う巨大なゲームが始まった。

バイオ企業1200社とTPPの仲間たち

1991年、種子開発企業の特許を守る国際条約（UPOV《ユポフ》条約＝日本、米国、EUなど51カ国が署名）が改正され、植物の遺伝子及び個体を開発企業の知的財産とし、開発者の許可なしに農家が種子を自家採種（農家が自ら生産した作物から種子を取ること）することを禁止する法整備が全加盟国に促される。

日本はこの改正に忠実に従い、1998年に国内の種苗法《しゅびょうほう》を改正した。

やがて、WTOより強制力のある、国家間の自由貿易協定「TPP」が登場する。

2014年3月。ニュージーランドの市民団体「GE-Free NZ in Food and Environment（非遺伝子組み換えの食と環境を目指す会）」が、モンサント社（当時）を始め世界のバイオ企業1200社（日本企業も含む）からなる業界団体（BIO）から米国通商代表部に送られた書簡を公開した。

書かれていたのは、TPP参加国に対する遺伝子組み換え作物への規制と表示義務の撤廃、遺伝子組み換え作物の輸入を止める際はアメリカ政府に事前に相談すること、農家の自家採種禁止を法制化する……など、業界側の要求だ。

モンサント社と業務提携を結んだ住友化学を始め、多くの日本企業もまた、遺伝子組み換えビジネス参入の門を一気に開くこの条約を大いに歓迎し、積極的に推進していた。

2016年2月にTPP協定署名の際に交わした日米二国間文書によって、日本は米国投資家の要望を受けてこの間次々に国内法を変えている。

南米の国々がやられたように、日本にもこの時、TPP条約第18章(知的財産の章)とバイオ企業群の意向に沿った「種子法廃止」の手が伸びてきていた。

だが、想定外のトランプ大統領登場によって、アメリカはいきなりTPPを離脱、日本政府は梯子《はしご》を外された形になったが、諦めずに粘り強く前進を続けてゆく。

2017年2月10日。日米首脳会談でトランプ大統領がTPP離脱を宣言すると、その日のうちに自民党は「種子法廃止」を閣議決定した。そして他の参加国に「アメリカ抜きでも是非やろう」と安倍総理が全力で働きかけ、TPP11に署名させることに成功する。

前述したUPOV条約についても、日本政府の主導で、全ての参加国に批准を義務づけた。

2018年4月に種子法廃止が施行された翌月、農水省は今度は種苗法を大きく改正し、自家採種(増殖)禁止の品種数を、82種から289種に拡大した。

種苗法とは、種苗会社の知的財産権を守るための法律だ。

買ってきた種苗を使って自分で栽培した種や苗を次のシーズンに使う「自家増殖」は、これまで一部を除き容認されていた。

だが、いきなり増えた「自家採種禁止リスト」に農家が驚いている間に、農水省は次のステップに向けてコマを進め始める。

今後は「一部を除き原則OK」から、「一部を除き原則禁止」に変えるのだ。

これが導入されれば、日本の農家はもう自分で種子を採ることができなくなる。

違反した農家は共謀罪の対象になり、10年以下の懲役と1000万円以下の罰金だ。

農水省の言い分は、シャインマスカットやイグサなど、日本の優良品種が中国などに流出するのを防ぐためだというが、これは奇妙な話だった。

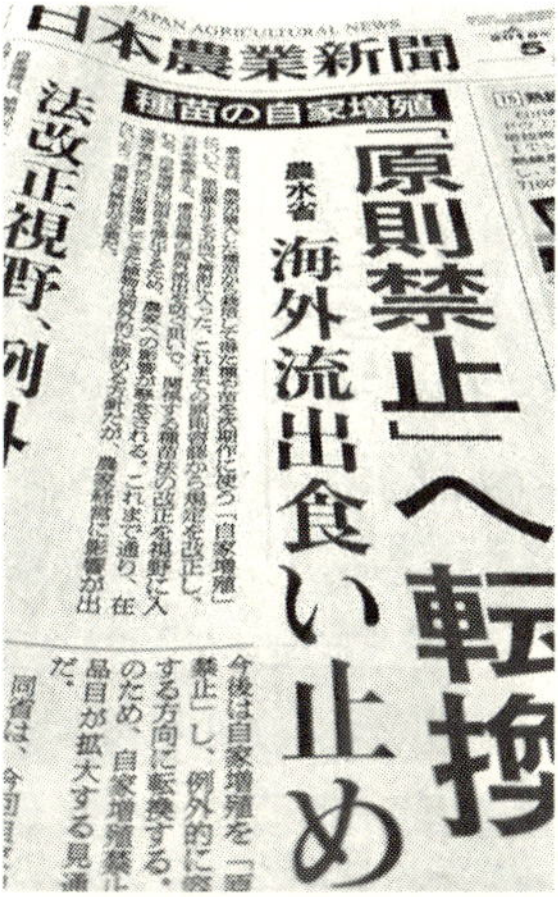
JAPAN AGRICULTURAL NEWS
日本農業新聞
種苗の自家増殖
「原則禁止」へ転換
農水省 海外流出食い止め
法改正視野、例外
今後は自家増殖を「原則禁止」し、例外的に容認する方向に転換する。このため、自家増殖禁止品目が拡大する見通しだ。
同省は、今回

出典:日本農業新聞(2018年5月15日付)

どちらもすでに日本国内で種苗登録されており、違法に国外に持ち出されたものだからだ。

無断で種苗を国外に持ち出されることを防ぐなら、海外での品種登録を強化することや、空港での審査・輸出に関するルールを厳しくする方が現実的だろう。

「登録されていない在来種の自家採種は引き続きOK」というが、品種登録は早い者勝ちだ。種子企業が先に品種登録したものを知らずに自家増殖すれば、特許侵害となり損害賠償を請求されてしまう。

そもそもUPOV条約ばかり取り上げられて

いるが、2013年に日本が加盟した「ITPGR条約（食料及び農業のための植物遺伝資源に関する国際条約、UPOVより加盟国数が多い）」では、自家増殖は農民の権利として認められている。日本政府はなぜかITPGR条約（農民の権利）よりUPOV条約（企業の権利）ばかり推進しているのだ。

実は種子法廃止と自家増殖禁止のセット導入は、80年代以降グローバル企業が各国で使ってきたビジネスモデルになっている。

イラクでは、この手法でグローバル種子企業が次々に在来種の種子を品種登録し、農民は主食の種子まで企業から高い値段で買うしかなくなり、食の主権を失ったのだ。

日本人が長い時間とエネルギーをかけて開発した貴重な種子データは、今後簡単に民間企業の手に渡される。

そこで改良されたものにさらに特許と高額な値札がつけられ、農家が自腹で時間と手間のかかる種の生産と開発ができなくなれば、数百種あった主食のコメは企業開発によって今後少数に絞られ、確実に値上がりしてゆく。

やがて日本の農家もイラクのように、企業の特許付き種子を、農薬と作付けマニュアル付きで買う契約をさせられるようになるだろう。

多様性が失われるほどに、食の安全保障は弱くなる。

市場に出回る種子のほとんどを米中独の3社が独占するというゲームの最終ステージに入った今、私たち日本人が直面するリスクが見えるだろうか？

その危機に気がついたいくつかの自治体は、すでに動き始めている。

新潟県、兵庫県、埼玉県では、県が独自の「種子法」を新しい条例として導入した。長野県は種子の原原種は県が、原種は県原種センターが生産し、種子の審査は農業改良普及センターが行うことを決定、愛知県と共に、政府に「種子法廃止」に対する意見書を出している。

意見書は市町村レベルで67通が国に提出されており、その動きは全国に拡大中だ。

2018年4月19日。立憲民主党、希望の党、日本共産党、無所属の会、自由党、社民党の6野党と会派が、「主要農作物種子法復活法案」を共同で提出した。

この法案を主導した元農水大臣で弁護士の山田正彦氏は、現在種子法廃止に対する違憲訴訟を準備している（筆者も原告の1人）。

日本の地震や豪雨被害を始め、世界各地で起きている史上最悪レベルの洪水や山火事、熱波《ねっぱ》に干ばつ、噴火や台風など、今後世界のどの国にとっても、食の安全保障は死活問題になってゆくだろう。

異常気象が引き起こす価格高騰も輸出制限も、アグリビジネスの世界では、全てチャンスとみなされる。

食の主権を失った国の国民が、輸出国や種子を売る企業に依存して弱い立場になることを誰よりも熟知していたからこそ、キッシンジャー氏は言ったのだ。

「食をコントロールする者が、人民を支配する」と。

4　ミツバチの命が売られる

日本は世界3位の農薬使用大国

2015年5月。厚労省が、ネオニコチノイド系農薬であるクロチアニジンとアセタミプリドの残留農薬基準を大幅に緩和したことは、ほとんど知られていない。

ネオニコチノイドとは、「害虫だけに毒になり、私たちには安全」を謳《うた》いながら市場に登場した「夢の農薬」だ。

その効き目たるや抜群で、水によく溶け、土に染み込み、一度まくと数カ月から数年間土壌にしっかり残留し、虫の神経に作用する毒性を発揮し続ける。

作っているのは世界3大農薬大手のバイエル社、住友化学、シンジェンタ社。

100カ国以上で販売される大ヒット商品だ。

日本では稲作やカメムシ対策で野菜や果物の畑に多く使われる他、松枯れ対策で松の幹に直接注入したり、機械で空中にまいたり、ヘリコプターで上空から散布したり、住宅建材に使ったり、ペットのノミ駆除薬《くじょやく》に入れたりと、その使用量はここ10年で3倍に増えている。

減農薬の特別栽培米でも、ネオニコチノイド系農薬を使っているものが少なくない。

あまり知られていないが、日本は世界第3位の農薬使用大国なのだ。

1位は中国、2位は韓国、3位の日本もじゃんじゃん使う。

主要国の農薬使用量(2010年)

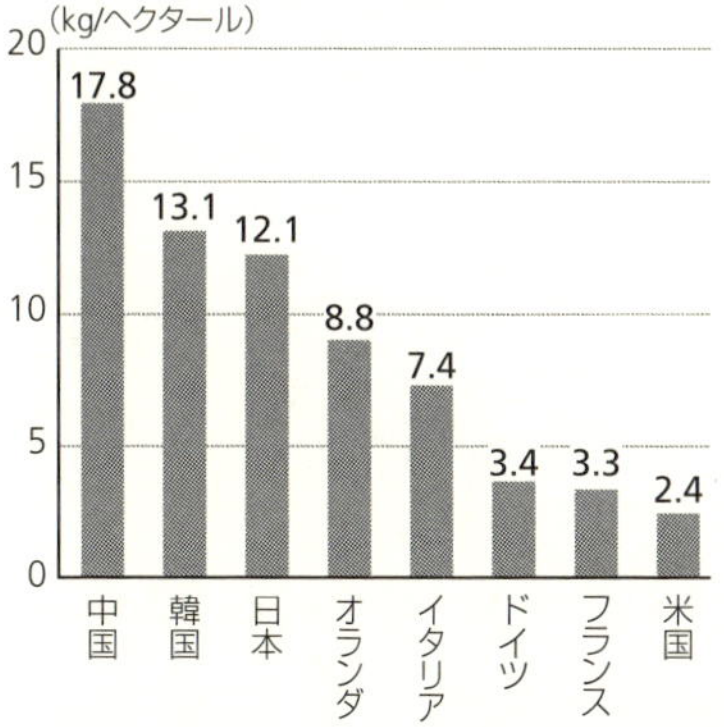

※耕地1ヘクタールあたりの有効成分換算農薬使用量(kg)。農業用のみ。林野・公園・ゴルフ場など非農業用の農薬を除く。フランス、韓国は2009年のデータを引用／出典：FAOSTAL2013.8.4

ちなみに日本は畑にまく農薬だけでなく、国民が口にする食べ物の残留農薬基準もかなり緩い。この問題について長期にわたる実験・研究を続ける金沢大学の山田敏郎名誉教授によると、現在カメムシ駆除のために水田にまくネオニコチノイド系農薬の濃度(40ppm)と、私たち日本人が食べるほうれん草の残留農薬基準(40ppm)は同じだという。

茶葉に至っては、農家が茶畑にまく分(40ppm)よりも、お茶として飲む方(50ppm)の残留農薬の方が、基準濃度が高く設定されているから驚きだ。

一体いつから日本人は、とびきり濃い農薬に負けない、強靭《きょうじん》な肉体を手に入れたのか？

農水省はこう言って、不安を払拭してくれる。

「大丈夫ですよ。ネオニコチノイドは他の殺虫剤に比べて、人への毒性は弱いですから」

一方、国外では1990年代後半から、この農薬に関する不穏な報告が出始めていた。

ミツバチは消え、農業メーカーの札束が舞う

明らかに異変が起きたのは、ミツバチの生態系だ。

ヨーロッパではミツバチの減少や大量死が相次ぎ、アメリカ、カナダ、日本や中国では、ハチたちが巣から急に消える「蜂群崩壊症候群《はちぐんほうかいしょうこうぐん》」が次々に報告され始める。

2006年に養蜂場《ようほうじょう》で7割のミツバチが突然消えたフロリダ州を筆頭に、全米で次々にミツバチが消滅、2007年には、北半球に住むハチの4分の1が姿を消してしまう。

ヨーロッパでは2008年に全ミツバチの3割が、ドイツに至っては8割が消滅した。

蜂蜜《はちみつ》を作るだけでなく、花粉を運び植物を受粉させるミツバチがいなくなることは、人間の食糧生産の終わりとイコールだ。

危機感を持った各国の研究機関は、慌てて原因を調査し始めた。タバコのニコチンに似た神

経毒を持つネオニコチノイドは、虫の神経を狂わせる。そのため方向感覚がおかしくなって、巣に戻れなくなってしまうのではないか。欧州の科学者たちはそう結論づけた。

農薬は巨額の利益が動く業界だ。多くの国で農薬メーカーは、その巨大な資金力から政治に大きな影響力を持っている。アメリカでは農薬業界が政治家や官僚、科学者や大学、マスコミなどを押さえるために、毎年何千万ドルもの札束が舞う。

2009年に米国農務省のミツバチ専門チームは、「ネオニコチノイド系の農薬でミツバチが病気になる」という実験結果を出した。だがこの事実は、農薬業界に忖度《そんたく》した政府とマスコミによって、何年も隠蔽《いんぺい》されている。

ようやく農務省内部からリークされたものの、表に出したのは米国マスコミではなく、イギリスのインディペンデント紙だった。同紙は2011年1月に、この研究結果とそれが米国民に知らされなかった事実を報道し、それを元にしたドキュメンタリー映画がイギリスの調査ジャーナリストであるマリヤン・ヘリネン氏らによって作られている。だがアメリカ政府とマスコミは、この報道を徹底的に無視、映画も米国内ではほとんど上映されなかった。

自国の科学者がどんな証拠を出そうと、海外マスコミがどう騒ごうと、アメリカ政府は頑として、農薬メーカーの側に立つ。

米国内で登録された農薬の3分の2は、人体への影響データが不十分にもかかわらず、政府が販売許可を与えたものなのだ。

そんなアメリカ政府を海の向こうから後押しするように、米農務省内部リークが映画化されたその年に、日本の農水省は、ネオニコチノイド系農薬「イミダクロプリド」の残留基準を緩和した。

世界は続々とネオニコチノイド禁止へ。日本は?

農薬メーカーの手は、巨大市場であるヨーロッパにも伸びている。

2008年にEUでネオニコチノイドが認可された時、欧州委員会消費者保護部門が根拠として提出した報告書の骨子を作っていたのは、化学薬品生産メーカーである世界最大手「バイエル社」だった。

その後、複数の市民団体や独立した第三者研究機関が再検証すると、危険性を示す実験結果が明らかになる。欧州委員会の自作自演に激怒した彼らは世論に訴え、関係者にしつこく見直しを働きかけ、EUの農薬政策は大きく方向転換させられることになった。

2013年12月。

EUは、欧州食品安全機関(EFSA)の、「一部ネオニコチノイド系農薬に子供の脳や神経などへの発達性神経毒性がある」との科学的見解に基づき、安全性が確定するまで、ネオニネオニコチノイド系農薬（クロチアニジン、イミダクロプリド、チアメトキサム）を主成分とする全殺虫剤の使用を一部禁止した（その後２０１８年に全面禁止）。

このＥＵの決定を受け、他の国も次々に後に続いてゆく。

スイスはすぐにＥＵと同じ内容で一部を使用禁止（その後全面禁止）、翌年２０１４年には韓国とオランダが禁止を決定する。

自閉症、広汎性発達障害の発症率

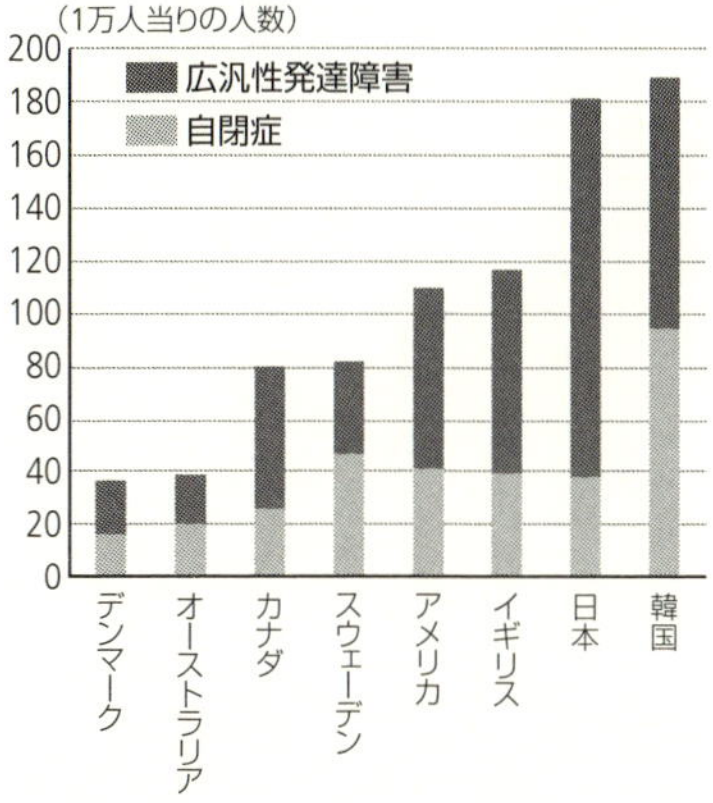

出典：Elsabbagh. et al. 2012, Autism Res.

単位面積当たり農薬使用量

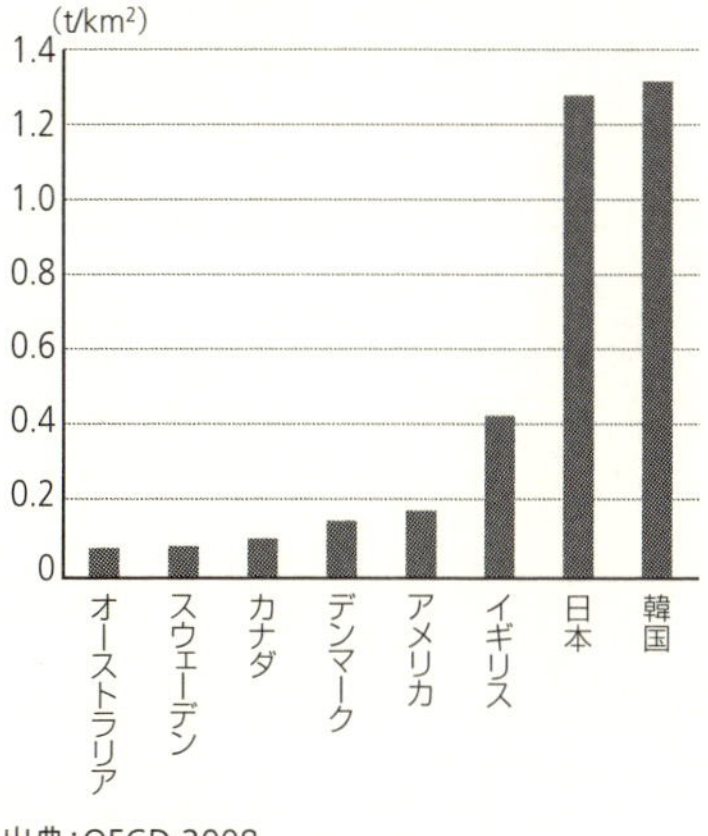

出典：OECD 2008

2015年にはブラジルが綿花の開花時期に畑の周りでネオニコチノイドを使用することを禁止、カナダは2015年、16年、17年と3年かけて段階的に使用禁止にし、台湾は2017年に一部禁止、かつて日本で冷凍毒入り餃子や残留農薬が凄まじい冷凍インゲン（基準値の3万4500倍）が大騒ぎになったあの中国ですら、習近平になってから農薬の規制強化と禁止を具体的に進め始めた。

もっと素早い国もある。

すでにフランスは2006年に使用を、ドイツは2008年に販売自体を禁止していた。

養蜂家たちの働きかけで2008年からトウモロコシのネオニコチノイドの種子処理を禁止したイタリアでは、年々増えるミツバチの大量死がパタリと止まったという。

相変わらず農薬メーカーと二人三脚のアメリカでは、一つの州（2016年にメリーランド州が禁止）を除き、一種（スルホキサフロル）のみの一部規制と新規登録停止以外は、全土で使用され続けている。

では日本はどうだろう？

前述した山田敏郎教授（当時）が2013年に発表した実験結果でも、諸外国と同じ結論が出た。

致死量でない低濃度でも、ネオニコチノイドが残留した餌を食べたり汚染された水を飲んだりしたハチは帰巣《きそう》本能を失い、群れが崩壊する。念のため濃度を100倍に薄めてみたが、12週間後には死滅したという。これは見過ごせない結果だった。例えばブドウ一つとってみても、日本人は安全基準値がヨーロッパの500倍という濃度で、ネオニコチノイドを体内に入れているのだ。

山田教授はこの実験データを示し、ネオニコチノイドの削減を呼びかけた。

2010年には日本農業新聞が、北海道など全国22カ所でのミツバチ死滅被害報告を発表、ハチの死骸《しがい》の92%から、ネオニコチノイド農薬が検出されている。

だが米国のミツバチ大量死現場を視察した日本政府が出した結論は、福島第一原発事故後に国民が繰り返し聞かされたのと同じ、あの台詞《せりふ》だった。

「ミツバチの大量死の原因は、ストレスです」

そして日本政府のお墨付きを得たネオニコチノイド農薬は、猛スピードで使用量が拡大してゆく。

日本は野菜40種のネオニコ残留基準を大幅に緩和

2013年10月。政府はほうれん草、白菜、カブなど40種の食品の、ネオニコチノイド系農薬「クロチアニジン」の残留農薬基準値を最大2000倍に引き上げた。

クロチアニジンは、独バイエル社と住化武田農薬（住友化学が60％、武田薬品工業が40％の株を所有）の2社が特許を持っている。今回その製造と販売をする住友化学から基準値引き上げの要望を受けた農水省が改訂を申請し、厚労省医薬食品局の食品安全部基準審査課が然るべきデータをもとに安全審査を行い、基準値を変更したという。

だが、この時厚労省がクロチアニジン安全性審査の根拠とした評価資料は、日本でこの農薬を製造し、基準値引き上げの要請を出した張本人である、住友化学が作成したデータだった。

2008年にネオニコチノイドの安全性評価をした際、製造メーカーのバイエル社が提出した資料だけを使い「危険なし」と結論づけた、欧州委員会と同じパターンだ。

だがそんなことは、国民とマスコミの関心が薄い日本では問題になりはしない。

続いて日本政府は2015年5月19日に、ドイツ、イタリア、フランス、スロベニアで禁止されているネオニコチノイド系農薬「クロチアジン」と「アセタミプリド」の食品残留基準を大幅に緩和。同年、新しいネオニコチノイド系農薬12剤を新規登録。さらに翌年2016年6月に、今度は別のネオニコチノイド系農薬「チアメトキサム」の残留農薬基準も引き上げた。

2017年12月25日には、ネオニコチノイド系農薬の中でも特にミツバチに毒性が強いため、アメリカ（製造は米ダウ・アグロサイエンス社）で養蜂家たちの訴訟によって一時認可停止になった「スルホキサフロル」にも、使用許可を出している。

こうして日本でのネオニコチノイド系農薬の売り上げは、毎年ぐんぐん伸びてゆく。

だが一体なんだって、こんなに農薬が必要なのか？

日本中の農家を悩ませ、大量のネオニコチノイド系農薬を使わせる「カメムシ案件」の実態を知ったら、消費者は仰天するだろう。

カメムシがコメの穂を吸う時に現れる「黒い点」がついたコメが、農家が出荷する時の検査で引っかかるのだ。安全性にも味にも影響はないが、見た目が悪い「斑点米《はんてんまい》」は、その混入率でコメの等級が下がり取引価格が安くなるため、農家はカメムシ駆除にネオニコチノイド農薬を何度も使う。

だが、その玄米が精米され店に並ぶ時には、等級表示はどこにも書いていないのだ。

見た目で等級を上げるためだけに農家に余分な農薬代と手間をかけさせ、必要以上の農薬が使われたコメを消費者に食べさせるこの検査は、果たして本当に必要だろうか？

制度の見直しを市民団体が申し入れても、農水省はどこ吹く風だ。

官僚たちは知っているのだ。私たち消費者が見た目重視で食品を選び、農家や農薬の使われ方に無関心でいる限り、農薬大国日本は、その方針を変える必要などないことを。

急性毒でミツバチを殺すからと、フランスが２００４年に全面禁止にした浸透性の「フィプロニル」は、日本では今もあちこちの水田で使われている。愛媛大学農学部の調査で国産蜂蜜にネオニコチノイド農薬の残留が見つかったが、これも放置されたままだ。

2013年6月。群馬県甘楽郡甘楽町《かんらぐんかんらまち》でネオニコチノイドの空中散布後に、大勢の子供たちが体調不良で病院に運びこまれる事件があった。

農水省はこの時も、「検討します」と言っただけで、特に何もしなかった。

2018年5月15日の農林水産委員会で、農水省の池田一樹消費・安全局長は、野党議員から、ネオニコチノイド農薬とミツバチ大量死の関係や、世界で規制が進んでいるのに日本が逆行する理由を聞かれ、こう答えている。

「大丈夫です。日本ではミツバチの大量死は、まだ年間50件程度しか出ておりません」

農水省農薬対策室も、「国内で使用できる農薬は安全性が確認されたもの。使用基準を守っていれば問題ない」という見解だ。

ネオニコチノイド生産メーカーである住友化学も同様に、科学的根拠はないとして、その危険性を否定する。

因果関係が証明されてからでは取り返しがつかないと、食と環境と国民の命を守ることを優先して予防的措置を取る世界の国々と、50軒もの農家でミツバチが大量死しても、農家のために農薬は必要だと言い続ける日本政府。

彼らは気づいているのだろうか?

ミツバチがいなくなれば、農業そのものができなくなることを。

生物多様性より経済優先の日米両政府が「予防原則」という言葉の意味を思い出すまでに、一体何匹のミツバチが、命を落とさねばならないのだろう？

ハチが消えた？　ではロボットミツバチをどうぞ

「人間の食料の９割を占める農作物１００種のうち、７割はミツバチが受粉している」

２０１１年の国連環境計画（ＵＮＥＰ）シュタイナー事務局長によるこの報告は、世界各地でミツバチ大量死についての危機感を、一気に引き上げることになる。

〈受粉するミツバチがいなくなったら、今後どうやって農作物を作ればいいのだろう？〉

〈人間の手で一つ一つ受粉するなど、想像するだけで気が遠くなるではないか〉

だが、自らの愚かさに立ち止まろうとする人間を、科学技術は高速で追い越してゆく。

ハーバード大学のワイス研究所では、２０１３年から、この問題を解決する素晴らしいアイテムを開発している。人工筋肉で空を飛び、ハチと同じように受粉作業を行う、一円玉サイズのロボットミツバチ、「RoboBee《ロボビー》」だ。

水中を泳ぎ、障害物をよけ、花粉をつまんでスピーディに運んでゆく。本物のハチと同じよ

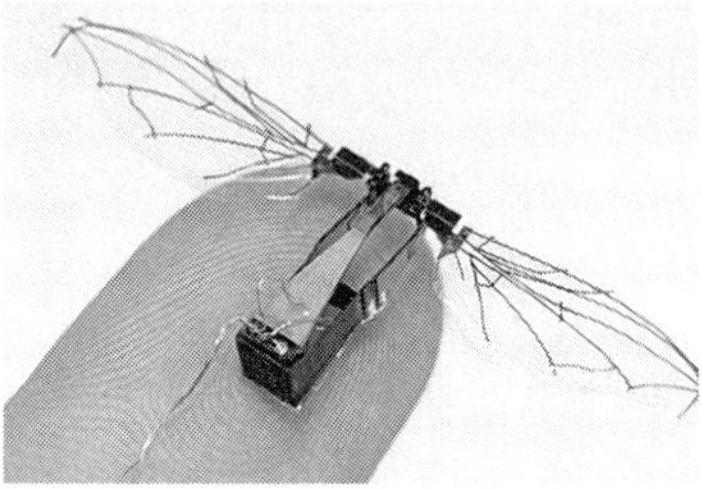

ロボットミツバチ、RoboBee／出典：英ミラー紙（2018年2月19日付）

日本でドローン散布できる農薬の数

平成30年時点。カッコ内は平成29年4月時点。

稲、麦、その他雑穀	197剤（188剤）
豆類	29剤（30剤）
いも類	11剤（11剤）
野菜類	18剤（15剤）
樹木類	3剤（6剤）
果樹類	5剤（5剤）
その他	8剤（1剤）
合計	**271剤（256剤）**

最新のドローンで農薬をジャブジャブまける

出典：農林水産省消費・安全局植物防疫課資料

うに、集団で編隊を組ませ飛ぶことも可能だ。

年々バージョンアップされ、現在は飛行と受粉をコントロールできるGPS搭載型モデルが研究されている。

ロボビーだけではない。ジョージア州で開発が進められているのは、搭載された小型カメラで花を認識し、穴から吸い込んだ花粉を別の吹き出し口から噴射するミニドローン「PlanBee《プランビー》」だ。

日本でもドローンを使った受粉実験が、つくば市や青森県で成功している。

科学技術に絶対の信頼を置くハーバード大学の開発者たちは、目を輝かせながら誇らしげにいう。

「ロボットミツバチの受粉が普及すれば、ミツバチの代わりをしてくれる。環境にも生態系にも優しくて、まさに一石二鳥だろう？」

だが日米両政府は、最新技術は歓迎すれど、農薬の使用を減らす方にはあまり関心がないようだ。

2016年7月。日本政府はドローンによる農薬の空中散布を解禁した。

その後、散布可能な農薬の種類を一気に271種に拡大し、いつの間にか日本人の主食である稲にまで、ネオニコチノイド農薬がドローンで散布されている。

ラララ！　ラウンドアップ

2015年3月20日。WHO傘下の国際がん研究機関（IARC）は、動物実験と薬理作用研究の結果、世界で広く使われている除草剤「グリホサート」に発がん性の恐れがあることを発表した（人への発がん性は証拠が十分でないが、動物実験で発がん性が確認された、というレベル2Aだ）。

グリホサートは1974年に農薬企業の最大手モンサント社が開発して特許をとり、「ラウンドアップ」という商品名で売り出した、世界最大の売り上げを誇る化学除草剤だ。

日本ではモンサント社と提携した住友化学が販売しており、2000年に特許が切れた後は、

ラウンドアップの広告

そのジェネリック版が「草退治」（住友化学園芸）など複数の新しい商品名で、各地のホームセンターで売られている。

ミズーリ州セントルイスに本社を持ち、ダイオキシンやPCB（ポリ塩化ビフェニル）などを製造するモンサント社は、デュポン社、ダウ・ケミカル社、シンジェンタ社などの化学企業と同様に、長い間アメリカ国防総省と契約し軍事物資を提供していた。戦時中、窒素製造施設で爆弾や弾丸を作り、ベトナム戦争では枯葉剤を作っていた同社は、戦争が終わると次のビジネスとして、農薬と化学肥料の世界市場、アグリビジネスに目をつける。

1999年4月。モンサント社のCEO（当時）で野心家のロバート・シャピロ氏は、同社のグローバル戦略についてこう語った。

「今バラバラに動いている、農業、食料、医療の3大産業を統合するのだ」

その頃ウォール街では、まさにその3大産業でこれからとてつもなく巨大な市場となるだろう「遺伝子革命」への期待から、投資家たちが胸を熱くしていた。

シャピロ氏の野望は、次々に実行に移されてゆく。

モンサント社は90年代から世界の種子会社をどんどん買収し、自社の農薬にだけ耐性を持つ遺伝子組み換え種子を開発、同社が特許を持つグリホサート農薬（ラウンドアップ）と一セットで世界中に売り始めた。

その種子はラウンドアップに耐性を持つよう遺伝子操作されているため、農家はこの2つを必ずセットで買い、収益は自動的に倍になる。

〈散布すれば雑草がしっかり枯れるので、煩わしい雑草取り作業から解放され、農薬代は節約できて、環境にも優しく収穫量もアップ間違いなしです〉

こうした宣伝内容で農家のハートをがっちりつかみ、モンサント社は遺伝子組み換え大豆とラウンドアップのセット売りをどんどん拡大、瞬《また》く間に全米の大豆畑の6割を占めるようになった。ラウンドアップは爆発的なベストセラーとなり、この20年で米国内の使用量は250倍、世界全体では10倍に増えている。

雑草も虫も全滅させるグリホサートの威力は凄まじく、使い始めて数年は農薬の使用量が少なくて済むが、ここには大きな問題があった。

前述したように、使い続けると進化して耐性を持つ雑草が出現し、今度はそれを枯らすためにもっと強い除草剤を使うという悪循環で、農薬の量が増えてゆくのだ。

2000年5月にアメリカ農務省が発表した報告書によると、過去5年で米国内の農薬使用量は大きく跳ね上がり、中でもグリホサートは他の農薬の5倍も増えていた。

除草剤の量が5倍に増えれば、その分アメリカからの輸入遺伝子組み換え大豆に残留する農薬も多くなり、日本の安全基準に引っかかってしまう。この発表が出た同じタイミングで、日本政府はアメリカ産輸入大豆のグリホサート残留基準を、しっかり5倍引き上げた。これで残留農薬が5倍に増えた大豆は、何の問題もなく引き続き日本に輸入される。

日本政府のきめ細かい協力姿勢は、米国アグリビジネス業界を大いに満足させたのだった。

日本とアメリカは二人三脚で「グリホサートは安全だ」

だが、使っているうちにどんどん使用量が増えるグリホサートが人の健康に及ぼす影響について、やがてあちこちから疑問の声が出始める。微かな量でも生き物の腸内細菌や神経系統、消化器や生殖器に、マイナスの影響があることがわかってきたのだ。

アメリカのソーク生物学調査研究所のデービッド・シューベルト博士は、グリホサートの蓄積が、がんを含む多くの健康リスクをもたらすとの警告を出した。

アルゼンチンでは、微量のグリホサートを使った実験で奇形の発生が確認され、グリホサートに汚染した地下水によって、周辺地域の住民にがんが平均の41倍発生、白血病や肝臓病、アレルギーなどの健康被害が報告されている。

オランダ、デンマーク、スリランカ、コロンビアはいち早く使用を禁止し、ヨーロッパでも反対の声が大きくなってゆく。

一方日米両政府は、この間ずっと二人三脚でグリホサートの危険性を否定し続け、製造元のモンサント社は、健康被害を示す数々の報告は全て科学的根拠に乏しいと批判しながら、安全性を主張している（ただし、その調査データは非公開だ）。

複数の自治体が実験データをもとに使用禁止を求めているアメリカでも、政府は初めから一貫して、モンサント側の主張を擁護する姿勢を変えていない。グリホサート除草剤に「人体には無害です」と書かれている日本でも、農水省は安全に使えば大丈夫だというスタンスだ。

だがEU市民や消費者、環境団体はこうした安全説を信じなかった。

彼らはEU議会の議員たちに繰り返し電話をかけ、一般の消費者や学校関係者にその危険性を説明し、100万人規模の抗議運動を展開、あちこちで勉強会を開きながら、130万を超える数の署名を集めることに成功する。

2016年3月。欧州委員会は6月に期限が切れるラウンドアップ使用許可について、更新に必要な賛成票が得られずに、使用延長を見送ることを発表した。

モンサント社や巨大農薬メーカー幹部と投資家に、初めて動揺が走った瞬間だった。

この時微妙な立場にいたのが、キャスティングボートを握っていたドイツだ。

世界の農薬企業の農薬・種子シェア（2013年）

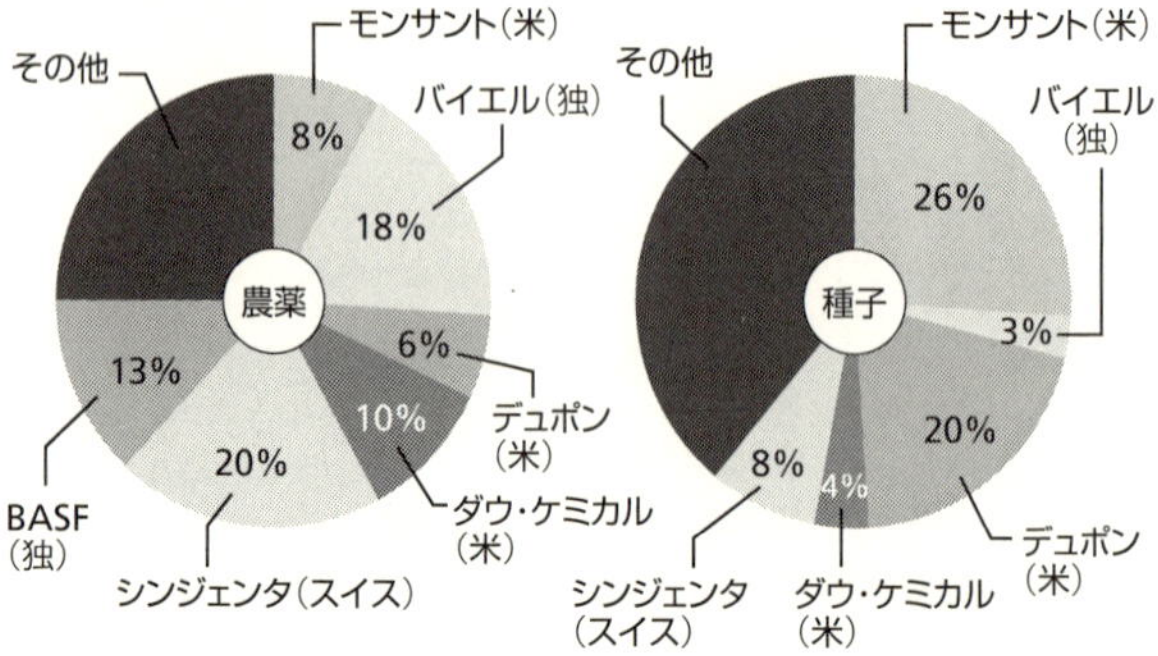

ETC GROUP：Mega-Mergers in the Global Agricultural Inputs Sector：Threats to Food Security & Climate Resillience（2015年10月）
http://www.etcgroup.org/content/mega-mergers-global-agricultural-Inputs-sector

国民の大半が猛反対していたにもかかわらず、自国の大手医薬品・化学薬品大手バイエル社が、モンサント社と買収交渉の真っ最中だったのだ。

成功すれば、トップレベルの遺伝子組み換え種子企業と化学薬品企業の最強タッグが誕生し、世界の「食」のかなりのシェアを、手中に収めることになる。

除草剤と種子の売り上げで世界一の売り上げを誇るモンサント社と、世界3位のバイエル社の統合には、660億ドル（約7兆円）という、最高額の値札がついた。

種子と農薬の業界は年々寡占化《かせんか》が加速し、もはや巨大カルテル誕生は時間の問題だった。

ドイツ国内では民意の側に立つ環境大臣は使用延長に反対し、バイエル社のビジネスチャンスに期待をかけて「攻めの農業」を推進する農業大臣は賛成を訴える。

結局、決められないメルケル首相が棄権票を投じ、採決は流れたのだった。

目玉商品のグリホサートがEU市場を失えば、あふれた在庫が行き場を失い、モンサント社を買収するバイエル社にとっても、大きなダメージになる。

どうすれば利益を減らさずに済むだろう？　投資家たちは頭をフル回転させて考えた。

そうだ、日本に売ればいい

アグリビジネス業界にとって、頼れる味方はアメリカ政府だけではない。

助け舟を出したのは、他でもない日本政府だった。

翌年2017年の6月。農水省はグリホサート農薬の残留基準を再び大きく緩めることを決定し、パブリックコメントを募集し始める。

今回はトウモロコシ5倍、小麦6倍、甜菜《てんさい》75倍、蕎麦150倍、ひまわりの種400倍という、本家本元アメリカもびっくりの、ダイナミックな引き上げ案だ。

遺伝子組み換えでない小麦は本来グリホサートを使わないが、収穫直前にグリホサートを直接かけて枯らすと刈り取りやすくなるために、使う農家が増えている。よって小麦の残留基準も6倍に上げられることになった。これで農家は小麦にも、遺伝子組み換え大豆よりも多い量のグリホサートを、たっぷり使えるようになる。

だが、日本が引き上げを実行しようとしたまさにその時、規制しかけていた欧州で、巻き返しが起こった。

欧州化学物質庁（ＥＣＨＡ）の作ったデータをもとに、欧州食品安全機関（ＥＦＳＡ）が、「グリホサートに発がん性がある」というＷＨＯ評価を否定する報告を出したのだ。

〈グリホサートは確かに眼に深刻な損傷を引き起こし、長期的には水生動物に有毒である。だが発がん性に関しての証拠は、十分なものではない〉

欧州委員会がグリホサートの使用許可についてもう一度採決すると、前回棄権したドイツが賛成に回り、今回は賛成多数で可決される。

２０１７年11月27日。ＥＵでの存続が危ぶまれていたグリホサート農薬は、再び息を吹き返した。

奇妙なことに、発がん性を否定したＥＦＳＡは、欧州議会議員に根拠とされた元データの全公開をいくら求められても、頑なに拒否し続けている。

「公益に関する評価プロセスの透明性に欠ける行為だ」と強く批判されると、ＥＦＳＡは渋々一部だけ公開したが、それらのデータは全て、あらかじめ編集されていた。

ＥＦＳＡの言い分では、企業の提供データは、投資家保護のために一部しか公開できないと

世界での「グリホサート農薬」規制状況

フランス、ドイツ、イタリア、オーストリア…3年以内に禁止
スウェーデン…個人使用禁止
ブラジル…近々グリホサートを含む農薬登録停止。使用禁止
エルサルバドル…議会が禁止決定（米国の圧力で実行されず）
アラブ6カ国…禁止
ルクセンブルク…最大手スーパーがグリホサート販売禁止
ギリシャ…2017年11月にグリホサート農薬の再承認が否決
アルゼンチン…400を超える都市がグリホサートを規制する法案を承認
ベルギー…個人向けの販売・家庭での使用禁止
スリランカ…大統領令で禁止（その後、攻防中。一部規制緩和）
ポルトガル…公的な場所での使用禁止
バミューダ諸島…個人向け販売・使用禁止
カナダ…10地方のうち8地方がなんらかの規制を実行 バンクーバー……公的な場所、家庭での使用禁止 最大手スーパー2社がグリホサート販売禁止
マルタ…禁止の方針が出たが、現在攻防中
デンマーク…規制機関作業部会が発がん性を認め、発芽後の使用を禁止
オーストラリア…無数の都市と学校地域でグリホサートに代わる方法を実験中
アメリカ…カリフォルニア州環境保護庁が、グリホサートを「がんを引き起こす」物質リストに加える。コネチカット州では学校と保育園で使用禁止、連邦では規制なし
日本…2017年12月に残留基準値を最大400倍緩和←日本は使用量拡大中！

出典：Baum, Hedland, Arestei and Goldman LawOffice

いう。

グリホサートの巨大市場は、ひとまず5年は安泰になった。

日本政府はEUの動向を様子見していたが、この結果を知ると、自国も翌月12月25日にグリホサート残留基準値引き上げ（最大４００倍）を実行したのだった。

危機一髪で大きなピンチを乗り越えたアグリビジネス株主たちに、さらに幸運の女神が微笑みかける。

２０１８年３月。欧州委員会はバイエル社のモンサント社買収を条件付きで承認、４月にはロシア政府、５月にはアメリカ政府が承認し、ついに２０１８年６月、世界最大級の化学・農薬独占企業が誕生したのだ。

「農業、食料、医療の３つを統合し、世界市場を制覇する」という、ロバート・シャピロ氏の野望が、今まさに現実になろうとしていた。

問題になっていた、グリホサートに耐性を持つ雑草の出現については、さらに強力な除草剤「２、４-Ｄ」で枯らせば良いという結論になった。「２、４-Ｄ」はモンサント社がベトナム戦争時代に製造していた枯葉剤の主成分で、これならグリホサートが効かなくなった雑草でも、間違いなく全滅させられる。

だがベトナム戦争が国民の大きなトラウマとなっているアメリカでは、「ベトナム戦争で被害を出した枯葉剤」をトウモロコシにかけることへの反発が強く、承認プロセスはなかなか進まない。

そんな中、日本政府は枯葉剤と枯葉剤耐性遺伝子組み換えトウモロコシをあっさりと承認し、速やかに手続きを完了したのだった。

遺伝子組み換え種子や農薬の安全基準、表示方法などは、これから始まるＴＰＰやＥＰＡ、ＦＴＡ（自由貿易協定）などの国家間条約に備え、全てアメリカ基準に合わせておかなければならない。

日本政府はこうした米国発のルールに関しては、きっちり守ることで有名だ。

2018年5月9日。厚労省の「農薬・動物用医薬品部会」は、除草剤「2、4-D」の残留基準値を大きく緩めることを提案した。これによって、小麦、大麦、ライ麦においては今までの4倍、りんごと西洋なし、ジャガイモやレモンなど、その他複数の農作物に対しても枯葉剤の使用量が今より増えることになる。

小麦の遺伝子組み換えはまだ認可されていないが、前述したように、収穫しやすくするためにかけるこれらの除草剤は今でも十分需要がある。現在アメリカで開発中の商業用遺伝子組み換え小麦は2020年に完成予定なので、こちらも準備は十分間に合うだろう。

ウォール街のアナリストの一人であるジェフリー・アッカーソン氏は、グリホサートをめぐる一連の騒動についてこう語る。

「確かにネオニコチノイドやグリホサート、遺伝子組み換え作物のようなものは、その安全性に賛否両論があるでしょう。ですが、がんの疑い云々と言ったって、所詮データは動物実験だけでしょう？　疑いがあるというだけでヒステリーを起こし、科学的メリットに背を向けて規制してしまうのは、愚かな判断です。

それでは経済は発展しないし、科学も進歩していきません。

反対派の消費者や環境保護団体はアグリビジネス企業を悪者にしますが、結局使うかどうかは農家の勝手だし、買うのは財布を握る消費者だ。何を選ぶかは彼らの自由なんですから、心配な人は別のものを選べばいいだけのことですよ」

アッカーソン氏の言う通りだろう。

ただし、「選択肢があれば」だ。

5　食の選択肢が売られる

何を食べさせられているのかを知る権利

ネオニコチノイド農薬もグリホサート除草剤も、どちらも遺伝子組み換え作物と切っても切れない関係だ。遺伝子組み換え種子はネオニコチノイド農薬で処理され、作付けされた後は、雑草を枯らすためにグリホサート除草剤がかけられる。

今や21世紀の巨大ビジネスとなった「遺伝子組み換え種子と農薬セット」だが、各国の消費者の認知度は、その国のマスコミの成熟度によってかなり格差がある。

例えば政府が、政府人事や政治献金を通して製造メーカーのモンサント社と深い関係を築いているアメリカでは、遺伝子組み換え表示そのものが、始めから存在していない。

だが市民レベルでは、20以上の州で表示を求める運動が起きている。

カリフォルニア州やワシントン州では遺伝子組み換え表示を義務化する法案が住民投票にかけられたが、食品業界が何千万ドル（何十億円）もつぎ込んだ反対キャンペーンが効果を上げて、阻止された。

2014年4月にはバーモント州が独自に表示義務を導入する条例を可決、同年5月にはオレゴン州の一部で遺伝子組み換え栽培禁止条例が導入される。

だが2016年7月にオバマ大統領が各自治体の条例を上書きする条文を入れた「DARK法」（安全正確食品表示法）に署名し、両州が入れた条例は2つとも無効にされてしまった。

この法律は、食品ラベル表示の代わりにQRコードやフリーダイヤルをつけることを認めるもので、「遺伝子組み換え禁止地域」をなくし、遺伝子組み換え表示をするには「農務省の証明書をとること」を義務化し、遺伝子組み換え飼料を与えた家畜の肉やミルクにも「非遺伝子組み換え」と表示できるという内容、つまり「ザル法」だった。

DARK法に反対する運動にスタッフとして関わったという、バーモント州在住の看護師で2児の母であるクリスティン・グティレス氏は、怒りを込めてこう語る。

「私たち消費者には、何を食べさせられているか、知る権利があるはずです」

その後もアメリカでは、表示させたくない政府・企業と、表示を求める市民とが、各地で激しく対立中だ。

政府が積極的に遺伝子組み換えを進めていても、心あるマスコミがしっかり報道することで、変化が起きた国もある。イギリスでは、新聞が遺伝子組み換え食品についてシリーズで取り上げたことが、国民の食に関する意識が変わるきっかけになった。

紙面は注意深く構成され、遺伝子組み換え食品について、様々な立場から賛成派と反対派の意見をバランスよく配分した内容が、複数回にわたり掲載された。

それらの記事を読んだ人々は、初めて知る遺伝子組み換え食品について関心を持ち、自分でも調べ始めた。家庭や学校でも話題にのぼり、国民は食と農薬についての政策に、前よりずっと意識を向けるようになったという。その結果、各地で市民が立ち上がり、学校給食への遺伝子組み換え食品利用禁止や、外食産業への遺伝子組み換え材料表示義務など、様々な条例が誕生したのだった。

こうしてアメリカやヨーロッパ、南米やアジアでは、遺伝子組み換え作物を拒否する市民の数が増え、今や遺伝子組み換えでない食品の方が、ぐんぐん売り上げを伸ばしている。

「遺伝子組み換え種子と農薬セット」という巨大なドル箱が、世界の客に拒否されるこの流れは、業界側にとって悪いニュースだった。

いくら「科学的に危険性は証明されていませんよ」と呼びかけても、一度悪いイメージがついた商品を、消費者が再び買いたくなるように仕向けることはとても難しい。

諦めて商品を撤退させるか、客の不安を払拭するよう中身を改良するか？

「今だけカネだけ自分だけ」のビジネス論理では、疑いは晴らすのでなく見せないことが、最もコストパフォーマンスに優れた解決法になる。

販売ターゲットを、その商品についてのマイナス情報を持っていない国の顧客に絞るのだ。

日本から遺伝子組み換え食品表示をなくせ

日本は世界一の遺伝子組み換え食品輸入大国だが、表示に関する法律は、どれもほとんどがザル法だ。

組み換えた遺伝子やそれによってできたタンパク質が残らない食品は、表示する必要がない。例えば醬油や味噌などの加工品や、油や酢やコーンフレーク、遺伝子組み換え飼料で育った牛や豚や鶏や卵、牛乳や乳製品に、表示義務はないのだ。

遺伝子組み換え成分の占める率が上位3位より下だったり、重量が5%以下でも、表示義務はなし。混入しても5%以下なら、これも表示する必要がない。この緩さは、遺伝子組み換え食品を売る側であるアメリカから、高く評価されている。

食政策センタービジョン21の安田節子代表によると、日本のスーパーで売られている食品の

日本は遺伝子組み換え作物輸入大国

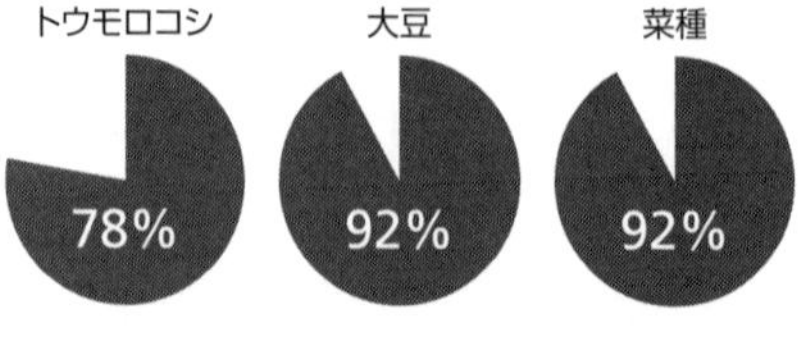

※財務省貿易統計（2013年全期）、国際アグリバイオ事業団（ISAAA）年次報告（2012）をもとに堤オフィス作成

60%に遺伝子組み換え原料が使われている事実を、ほとんどの消費者が知らないという。

大半の国民は、遺伝子組み換えといわれても、まだよくわからないのが現状なのだ。それでも中には消費者に選択肢を与えようと、遺伝子組み換えでない原料を使っていることを知らせるために「遺伝子組み換えでない」と表示している企業も少ないが存在していた。

２０１８年3月28日。消費者庁「遺伝子組換え食品表示制度に関する検討会」は、遺伝子組み換え表示制度に関する今後の方針を公表、今までは混入率５%未満で「遺伝子組み換えでない」と表示できたのを、０%（不検出）の場合のみしか表示できないようにするという。つまり混入率の高い輸入トウモロコシなどは、今後「遺伝子組み換えでない」表示ができなくなる。

消費者庁の言い分はこうだ。

「遺伝子組み換えの表示を厳しくしてほしいという声がありましたので……」

だが、これにはトリックがある。実は厳しくしたのは「遺伝子組み換え表示」ではなく「非遺伝子組み換え表示」の方だったのだ。

日本に大豆やトウモロコシを輸入する際、分別業務を請け負う全農の子会社（全農グレイン社）がどんなに目を皿のようにして頑張っても（実際やるのは機械だが）、０・３〜１％の遺伝子組み換え原料の混入は絶対に避けられない。

それでも、優れた分別管理のおかげで日本は99％の精度で今まで分別できていたのだ。それを「不検出」まで厳格化したことで、今後は今まで手間と費用をかけて分別を外注していた企業は、どんなに分別しても０％にできなければ、わざわざやる意味がなくなってしまう。

今は検査機器の精度が高く、建物いっぱいの穀物に混じったコップ１杯の遺伝子組み換え大豆でも見つけ出してしまうからだ。「遺伝子組み換えでない」という表示は、今後店頭から消えてゆくだろう。

混入率０％以外は表示不可という新ルールによって、今まで生産者側が努力して維持してきた「非遺伝子組み換え」市場は崩れ、私たち消費者は、国内の食品のどれが

名称	有機豆乳
大豆固形分	10%
原材料名	有機大豆(カナダ又はアメリカ) (遺伝子組換えでない)
内容量	900ml
賞味期限	上部シール部に記載
保存方法	要冷蔵(10℃以下)
製造者	㈱東京めいらく 千葉工場 千葉県佐倉市大作1-5-1

注)有機大豆の原産地は、当社における2015年の使用実績に基づき使用量の多い順に表示しています。

栄養成分表示(100ml当たり)	当社分析値		
エネルギー	55kcal	マグネシウム	30mg
たんぱく質	5.0g	ビタミンE	0.2mg
脂質	3.0g	コレステロール	0mg
炭水化物	2.0g	レシチン	205mg
ナトリウム	3mg	イソフラボン	30mg
カリウム	217mg	γ-アミノ酪酸(GABA)	2mg
カルシウム	17mg		

本商品に含まれているアレルギー物質
(特定原材料及びそれに準ずるもの27品目中)
大豆

めいらくの有機豆乳の表示。今後は「遺伝子組み換えでない」の表示すらなくなる
出典：lohaco.jp

遺伝子組み換えで、どれがそうでないか、もはや見分けるのが不可能になる。

この方針は今後具体化されるが、「遺伝子組み換えでない」表示を維持するために輸入でなく国産大豆を使うメーカーが増えれば、原料の大豆価格自体が高騰し、製造側が倒産するリスクもある。緩い表示義務は放置して、「遺伝子組み換えでない」表示だけを厳しくするのは一体誰のためだろう？

２０２０年に北米で完成予定の「商業用遺伝子組み換え小麦」は、５％の旧表示ルールのせいで、当初日本への輸出予定はなかった（アメリカは日本の「遺伝子組み換えでない」という表示をなくせとクレームをつけていた）。だが、聞き分けの良い安倍政権のおかげで、ついにビジネスの障害は取り除かれたのだった。

これで日本も遺伝子組み換え小麦の輸出先リストに入るだろう（遺伝子組み換え小麦にもれなくついてくる枯葉剤農薬の安全基準の方も、２０１８年５月にしっかり引き上げ済みだ）。

この改正を知って真っ先に万歳三唱したのは、消費者でも生産者でもなく、外資の遺伝子組み換え種子と農薬メーカー、投資家とウォール街であった。


日本人が大好きな魚にも注意が必要だ。

成長スピードが速いキングサーモンの成長ホルモン遺伝子と、一年中成長する深海魚の遺伝子をアトランティックサーモンに組み込むことで、2倍速で成長させる「遺伝子組み換えサーモン」は、すでにアメリカとカナダで認可され、2017年8月から出荷されている（アメリカでは200万人がFDAに抗議コメントを送ったが無視された）。

　日本での販売は許可されていないが、筋子やいくらなどの卵加工品としてならいくらでも入ってくる。外食には表示義務がないため、レストランや回転寿司なら全くわからないだろう。

カナダで流通し始めたことを受けた日本政府は、慌てて同月から抜き打ち検査を始めたが、忘れてはならないのは、2019年にTPP11が発効したら未承認の遺伝子組み換え食品が入ってきてもすぐに返品はできず、相手国と協議しなければならなくなることだ（第27条8項）。

　そして食品表示ルールも日本政府だけでは決められなくなり、輸出国と製造メーカーも参加させなければならない。

　だが遺伝子組み換え食品に対する嫌悪感は、ヨーロッパや中国を中心に確実に拡大している。消費者の意識の変化と共にマーケットは縮小し、必ずや方向転換を迫られる時が来るだろう。

　世の中の流れを現実的に分析したバイオ企業群は、すでにその先の戦略を進め出していた。

遺伝子組み換えサーモン（右）と天然サーモン（左）
出典：collective-evolution.com

遺伝子組み換えはもう古い、次はゲノム編集だ！

２０１８年４月５日。米国ミネソタ州ミネアポリスにあるゲノム編集作物開発企業カリクスト社は、ゲノム編集された高オレイン酸大豆の、商業栽培開始を発表した。

すでに米国農務省から「環境や人体への影響評価は不要」とのお墨付きを得ていたゲノム編集大豆は、同社と契約を締結済みの大豆農家75軒、合計１万６０００エーカー（約６５００ヘクタール）で作付けされることになっており、２０２１年にゲノム編集小麦の商業栽培を始めることに加え、ジャガイモその他７種のゲノム編集作物が、試験栽培を待っている。

一つの作物に別の作物の遺伝子を組み込む遺伝子組み換えと違い、ゲノム編集は遺伝子そのものに手を入れる。組み換えるのではなくデザインするという全く新しいこの手法は、人体や環境への影響もまだ１００％未知数だ。

ＥＵ諸国は皆懐疑的で、ドイツ政府は「想定外の有害因子が出るかもしれないリスク」から、ゲノム編集作物にも遺伝子組み換え作物と同じ規制をする方針を打ち出し、欧州司法裁判所は「ゲノム編集は遺伝子組み換えと同等」との判決を出した。

欧米の消費者団体も、遺伝子組み換えと同様の規制を法制化すべきだと声をあげている。

アメリカでは有機認証委員会がゲノム編集作物を「有機」として認めないという勧告を出し

ているが、相変わらず「企業がビジネスをしやすい環境作り」に余念がない農務省は、「人体や環境への影響評価は、特にいらないだろう」という独自のスタンスで、さっさと栽培許可を出してしまった。アメリカの三歩後をぴったりとついてゆく日本政府ももちろんこれに異論はなく、アメリカから年間220万トンの大豆を輸入しているにもかかわらず、環境省は「ゲノム編集」について、日本でも規制しない方針を固めた。

日本消費者連盟を始め各種市民団体は、「ゲノム編集作物の規制及び食品表示を求める」意見書を各省庁に提出したが、すでに弘前大学では屋外試験栽培が始まっており、ほとんどの国民はこうした流れを全く知らないでいる。

こうしてバイオ企業群がTPP条約に望む内容が、条約発効を待たずして一つ、また一つと実現してゆく。

遺伝子組み換え食品やゲノム編集食品の安全性については、今後も平行線の議論が続いてゆくだろう。低線量被曝がそうであったように、人体への影響を長期にわたり科学的に検証した実験結果が、まだ存在しないからだ。

イギリスにあるモンサント社関連工場の食堂に掲示されている、「遺伝子組み換え食品は一切使用しておりません」という表示は、私たちに教えてくれる。

口にする食べ物を選ぶ権利、すなわち「食の主権」を奪われないためには、成分表示という情報公開が不可欠であることを。

前述した安田節子氏は消費者の立場から、遺伝子組み換え食品と、農薬、ゲノム編集食品につける「成分表示」の必要性を繰り返し訴え続けている。

6　牛乳が売られる

「美味しい輸入チーズが安くなる!」

2018年7月17日。

EU代表と日本政府が署名した日欧EPAについて、ワイドショーなどで大きく取り上げられたのは、今後大きく値段が下がるだろう、ヨーロッパの美味しいチーズの話題だった。

日本は8項目で関税ゼロを約束、中でもチーズなど乳製品についてはTPP交渉より大きく譲ったために、これから安い輸入品がたくさん入ってくるからだ。

チーズの関税は、カマンベール等のソフト系はEPAで、ゴーダチーズやチェダーチーズ等のハード系はTPPでそれぞれ撤廃を約束し、結局政府は国産チーズを全く守らなかった。

ちなみにTPP11では、ニュージーランドやオーストラリアが、アメリカが日本へ輸出するはずだった3万トン分の輸入枠をちゃっかり自分たちの取り分に入れ、合計7万トンの輸出枠を手に入れてしまった。激怒したアメリカは、今後日本とTPPに代わる二国間貿易条約について交渉する際、きっちり落とし前をつける気だ。

したたかなビジネスマンのトランプ大統領は、間違いなくこう言うだろう。

「当然、元々の取り分3万トンは確約だ。そこから＋αでどこまで輸出枠をくれる？　さあ交渉を始めよう」

つまり日本には、7万トン＋3万トン＝10万トン＋α（トランプ大統領に脅《おど》される分）の乳製品が海外から流れ込んでくることになる。

テレビは「美味しい輸入チーズが安くなる！」「外食産業も期待！」などと宣伝し、チーズ好きの消費者は安く買えるとワクワクし、安く仕入れられる小売業は小躍りし、関税がなくなることでEUの酪農家も大喜びだ。

だが、この問題の第一人者である東京大学大学院農学生命科学研究科の鈴木宣弘教授は、この条約によって国内の乳製品生産高が最大203億円減少することを指摘し、「関税がなくなり安い乳製品が大量に入ってくると、国産牛乳が消えるだろう」と警鐘を鳴らす。

「安いチーズやバターは大歓迎、日本は美味しい牛乳を作ればいいのでは？」

そういう声も多々あるが、ここには大きな誤解がある。

生乳《せいにゅう》の処理には順番があるのだ。

酪農家から生乳を集めた農協がメーカーに渡す時には、まず日持ちのしない牛乳と生クリーム用に出し、次に価格が安いので先に出す量を決めたチーズ用、最後に残った分の生乳で、保存期間の長いバターと脱脂粉乳を作る。

季節によって生産量と消費量が違う生乳は、夏は足りずに冬は余るので、余った分はバターと脱脂粉乳に回し、足りない時はバターと脱脂粉乳を輸入すればいい。

つまり関税をなくして全部安い輸入品に置き換わると、冬に余った生乳が行き場をなくしてしまうのだ。捨てれば膨大な赤字だし、安く売れば牛乳全体の値段が下がってしまう。

バターと脱脂粉乳を作るのを冬だけにするといっても、冬だけ工場を動かすのは採算が取れない上に、春夏秋だけ社員を解雇するのも難しい。

かといって牛たちに「なぁ、冬はミルクをあまり出さないでくれよ」というのも、無理な相談だ。

たかがバター、されどバター。バターは単なる「美味しい商品」ではない。国産牛乳と乳製品と酪農家を守るための重要な「調整役」だからこそ、国が高い関税をかけて守ってきたのだ。

「市場」に任せると調整がうまくいかないからこそ、自国産業を守るために先人が作った関税を、歴史から学ばぬ今の政府はいとも簡単に廃止した。その言い分はこうだ。

「守りだけでは戦えない。グローバル化のこの時代、日本の農業も、世界と対等に競争できる成長産業にならなければ。実際日本の酪農家が育てる牛の数は、すでにEU並みの規模を実現しているじゃないか」

確かに一戸あたりの牛飼頭数《うしかいとうすう》を見ると、トップは149頭のデンマークだが、ドイツ54頭、フランス51頭に続き、日本は48頭（北海道は68頭）と、肩を並べている。

だがここには、政府が触れない重要な要素が一つある。

国が農家を守るレベルが、EUと日本では桁違いなのだ。

例えばフランスの農家は収入の9割、ドイツは7割を政府の補助金が占めている。政府が守ってくれるから、自然災害などで価格が下がっても農家は潰《つぶ》れない。だから乳製品の価格でも、世界トップのニュージーランドと対等に競争できる。

農地は自国民の食の安全保障だけでなく、国土の安全保障にとっても重要だ。海に囲まれた日本と違い、隣国と地続きで常に国境を意識するEU政府は、そのことをよくわかっている。

彼らは93年の農業交渉で関税を引き下げる際も、安い輸入品との競争で国内農家の所得が減らないよう、政府が補助金を支払って守ることにした。今回のように他国と関税引き下げ条約を結ぶ際も、自国の農業は政府がしっかり補助金でガードする。

一方、日本はどうだろう？

1963年に42万戸あった酪農家はどんどん減って、今では1万7000戸だ。国内バターの9割を生産している北海道では、年間200戸の酪農家が消えている。

減っているのは「高齢化と後継者不足が原因」などと言われるが、それ以前に日本は他国と比べて農家をちゃんと守っていない。農家の収入のうち、政府補助金はわずか4割弱なのだ。

農家の所得を保証する補助金制度は民主党政権でやっと始まったが、その後すぐに安倍政権が半分に減らし、2019年には再びゼロになってしまう。

生産費の半分を占める、餌の値上がりも深刻だ。

1961年に日本政府が出した「農業基本法」で、「家畜の餌は海外から輸入すること」に決められた。

〈これからは、米や麦よりバターやミルク、チーズが売れる。畜舎を広げてたくさん牛を飼うべきだ〉

そう考えた政府は農家に安い輸入飼料を使わせ、機械化と化学肥料とで、日本の酪農を大規模化するよう仕向けてゆく。

その結果、米国産トウモロコシを中心に、餌の9割を輸入に頼るようになってしまった。

「他国の食をアメリカに依存させよ」は、アメリカの外交戦略だ。

ここから日本の畜産の運命は、アメリカの手に握られてゆく。

第一、国産より安いといっても、穀物の市場価格は不安定で、為替レートや運搬に使う石油の価格上昇によって、すぐに値段が上がってしまう。アメリカの不作で高騰したトウモロコシの飼料価格は2004年から10年で3倍に上昇、これに2012年からのアベノミクスで加速した円安のダメージが重なり、酪農家はバタバタと倒産している。

それだけではない。これから日欧EPAやTPP11で日本に入ってくる、(補助金で守られた)安い輸入乳製品と競争しなければならない日本の酪農家たちに、政府は次のような方法で、さらなる追い打ちをかけたのだった。

牛乳の流通を自由化せよ

2017年6月9日。

「改正畜産経営安定法」が参院本会議で成立した。

これによって農協(指定団体)が酪農家から生乳を全量買い取る「指定団体制度」は廃止され、農協を通さずメーカーに直接売る農家にも補助金が出るようになる。

「指定団体制度」とは何か?

他の農産物と違い、日持ちがしない生乳はすぐ売らなければならない。そのため、流通経路のない中小の酪農家は、乳業メーカーに売る時にどうしても立場が弱くなる。

そこで交渉力のない小規模酪農家が買い叩かれないよう、間に代理人（農協）を入れていたのだ。

農協が、各酪農家が作った生乳をまとめて買い取り、彼らの代わりに複数メーカーと団体交渉して販売する。これなら零細農家が大企業と個別に交渉して足元を見られる心配もない。

乳製品は飲料用、加工乳用など、用途によって価格が違うので、この差を国が補助金で埋めている。農協は生乳を全量買い取る代わりに、どの用途で売られても差が出ないよう、メーカーへの販売代金と国からの補助金を両方預かり、各酪農家には出荷量ごとに代金を支払ってくれるのだ。

共同販売することで、腐りやすい生乳の検査や保管、運搬などの流通コストも節約できる。

農協以外に売ることは酪農家の自由だが、その場合は自力で運搬し、メーカーに営業をかけ、流通も自分でやらねばならない。

生乳は天候や牛のコンディションに大きく左右されるが、価格交渉力を持ち、用途にかかわらず平均価格を払ってくれる「指定団体制度」があれば、生産者は価格変動を心配せず、質の良い牛乳を作ることに専念できる。

これと同じ理由で、世界でも牛乳は「全量出荷」を原則にしている国がほとんどだ。

零細農家を含めた国内の酪農家を守り、消費者に国産の乳製品を安定供給するため、この仕組みには「独占禁止法」が適用されていない。

1965年以降、酪農家の95％が農協に加入して、この「指定団体制度」を利用していた。

これじゃ儲からないから農協を外せ

だが「農業を成長ビジネスにせよ！」として規制改革を推していた規制改革委員会（当時の委員長は宮内義彦オリックス会長）は、前々からこの「指定団体制度」にすこぶる不満だった。せっかく政府が「酪農の大規模化」（大規模農家に補助金を出す）を進めているのに、農協が零細農家を保護しているせいで、いつまでも大規模化が進まないのだ。

零細生産者が束になってメーカーに対し交渉力を持つ共同販売など、そんな不平等な仕組みは間違っている。全量出荷の義務化もおかしい。大手も零細も平等な条件で競争してこそ、市場は機能するのだ。農協に独占させているこの歪みを正さなければならない。

だいたい酪農家の所得も戸数も、年々減っているではないか。日本が国際競争力をつけて生き残るためにも、今こそ古い仕組みを壊し、思い切った「改革」が必要だ。

財界人＋規制緩和推進派で構成された規制改革委員会の言い分は、農協が団体交渉するこの制度は企業に不利だからなくすというものだ。

実際にそんな事実はない。前述した鈴木宣弘教授の試算を見ると、農協とメーカーの取引交渉力は最大でも互角、最小で農協1対メーカー9で、誰が見ても「企業に不利」では全くないのがわかるだろう。

2016年6月。岡素之内閣府規制改革会議議長（住友商事）は記者会見でこう言った。

「酪農を本当に成長産業にしたいなら、農協は反対しないはずだ」

財界の進める成長産業の青写真の中に、国の政策で丸腰にされてゆく国内の酪農家は入っていないのだ。

「過剰に心配しすぎでしょう。EUからの輸入乳製品は、そこまで多くないですよ」

そういう反論も飛んで来る。

だが、本当にそうだろうか？

貿易協定の一丁目一番地、基本原則のあのルールを、まさか忘れたわけではあるまい。

「EUで関税ゼロ？　じゃあうちも同じにしてもらおう」

TPP、EPAなど国家間で結ぶ貿易協定の基本ルールの一つに、「最恵国待遇条項」がある。これは結んでいる協定内容が、他で協定を結んだ国にも適用されるというものだ。

現在、日本はEUの他に、農業大国のオーストラリアを始め、15の国・地域と経済連携協定を結んでいる。例えば日欧ＥＰＡの中身を読んだオーストラリアはこう言うだろう。

「牛肉の関税が16年で9％？　うちは35％だから不公平じゃないか。こっちも条件見直しで、ＥＵと同じにしてもらおう（日豪ＥＰＡ協定第2章第3節第2・20条）」

これが「最恵国待遇条項」だ。

オージービーフを筆頭に、ワインやパスタや豚肉など、ＥＵより関税が高いものは全て「条件見直し」要求が入るだろう。

オーストラリアだけじゃない。ベトナム、マレーシア、タイ、ペルー、チリにメキシコにインドネシアも、「最恵国待遇」で同じクレームをつけることができる。

ＴＰＰが一気に関税を撤廃するのに対し、ＥＰＡは一番低い関税率で合意した国に他の国が後から続き、ドミノ倒しのようにどんどん関税が下げられてゆくのだ。

1円でも多く儲けたい巨大グローバル企業が仕切る今の国際社会では、ＴＰＰにＥＰＡ、ＦＴＡにＲＣＥＰ（東アジア地域包括的経済連携）と、次々に規制や関税をなぎ倒してゆく流れが止まらない。

だからこそアメリカもＥＵもオーストラリアも、他国には「ビバ！　自由貿易」「関税ゼロで自由な世界市場を！」などとグイグイ自由化を迫りながら、食の安全保障が外資に食い尽くされないよう、自国産業だけは補助金や規制でしっかり守る。

自由貿易の旗を振りTPPやEPAを進めつつ、国内を守る規制や補助金という防壁を自ら崩し自国産業を丸腰にする、そんなことをしているのは日本政府だけだ。

アジアを中心に現地の企業を次々に買収し、WHOの全予算より多くの年間広告費を投じて巨大化を続ける多国籍乳業の面々、食品最大手であるスイスのネスレ社や仏ダノン社などの乳製品が、今後日本に攻め込んでくるだろう。

EUはロシアに輸入を禁止されて以来、次の市場としてずっと日本に狙いを定めていたのだ。

遺伝子組み換え、成長ホルモン入り牛乳を阻止できるか

さらにトランプ大統領が「TPP以上の自由化をさせる」と気合いを入れる日米FTAが締結されれば、今度はアメリカ製の乳製品が今より勢いを増して入ってくる。

その中にはカナダ政府や欧州委員会が発がん性があるとして輸入を拒否している、人工的に乳量を3割増やす遺伝子組み換え成長ホルモン「γ《ガンマ》BGH」を投与した牛のミルクも含まれるだろう。

「γBGH」は牛のミルク生産量を最大40％も増やす上、成長速度が速くなって餌代が節約できるホルモン剤だ。肉は柔らかくなり量は増え、牛の性格が温厚になるというおまけまでついてくる。まさに酪農家にとっての夢の薬剤として、モンサント社が開発し1993年に承認さ

れて以来、瞬く間に全米の乳牛に注射され大ヒット商品になった。

普通の牛乳との違いを見分ける表示はなく、「不使用」表示をつける場合はその横に「γBGHは安全です」というシールを貼ることが、FDAによって義務づけられている。

アメリカでは巨大企業に不都合な報道はマスコミに一切出ない。

1998年に科学誌にγBGHがガンの発症率を上げるという論文が発表され、全米で「γBGH反対運動」が起きるまで、米国民は何も知らされずに、成長ホルモン入り牛乳を飲み続けていた。

γBGHの普及を大いに推進したFDAのテイラー副長官は、在任中の功績を高く評価され、政府職員を退任した後はモンサント社の副社長に迎え入れられている。一方、FDA内部でγBGHの危険性を訴えた1人の獣医師は、「不適格者」の烙印を押され、速やかに解雇された。

人体への安全性については、モンサント社幹部が大勢出向しているFDAのお墨付きだが、成長ホルモン自体を禁止しているEUはアメリカの言うことを信用せず、93年以降、輸入禁止措置を取っている。

アメリカが「科学的に健康被害を証明できないなら、輸入禁止は認められない」とWTOに提訴すると、EUはすぐに科学的証拠を耳を揃えて出した上、今度はアメリカ産牛肉を全面輸入禁止にした。

最終的にWTOは違反判決を出したが、イタリアやフランス、プエルトリコでは、成長ホルモン残留牛肉を食べた幼児に乳房の巨大化や初潮開始などの報告が出ており、EUは「健康被害リスクがある成長ホルモン牛乳はお断りだ」とWTOを無視、頑として米国産成長ホルモン入り牛乳と牛肉の輸入禁止を続けている。

γBGHは、現在日本を含む27カ国で輸入を禁止されているが、前述した鈴木宣弘東大教授によると、実はγBGHが残留する乳製品は、すでに日本の検査をすり抜けて入ってきているという。

国内での使用が禁止されていて残留基準自体が存在しないため、輸入品に含まれるγBGHをチェックしていないのだ。

また、TPP11や、それよりさらに規制が緩くなるだろう日米FTAの発効後は、食品安全基準を自国で判断することができず、全て「コーデックス委員会」の国際基準に合わせなければならなくなる。コーデックス委員会とは世界の食品と健康食品の貿易を推進する国際機関だが、メンバーがグローバル企業の代表で占められていることはほとんど知られていない。彼らが作った業界寄りのルールでは、輸入品を規制するには「その健康被害を科学的に証明」しなければならず「予防原則」は通用しない。

アメリカ産の成長ホルモン入り乳製品が入ってくるのを止めるのも、「成長ホルモン入り」

の表示をつけるのも、日本では難しくなるだろう。

その時スーパーの棚に、まだ国産の牛乳は残されているだろうか？

自由化と保護廃止により、国内の酪農家たちを追いつめてゆくことで、私たち日本人は、「食の選択肢」を、また一つ失いつつあるのだ。

7　農地が売られる

外国企業が日本の農地を買いやすくなったワケ

2016年4月1日。

日本の農地を外国に売りやすくする法律が、ひっそりと施行された。

「農業協同組合法等の一部を改正する等の法律」、いわゆる「農地法改正」だ。

これまで日本では、農地の売買は直接そこで農業をする農業関係者にのみ許可されていた。

2009年の改正で一般企業も農地を借りられるようになったが、所有に関してはルールが厳しく、役員の4分の3が農業者で議決権の4分の3を農業者が持つ農業法人だけに限られ、所有する場合は役員の4分の1が毎年60日間農作業をしなければならない。

海外企業にとって、日本は農業に参入しにくい国だったのだ。

だが「日本を世界一ビジネスをしやすい国にする」という目標を掲げる安倍政権が、２０１５年６月に農林水産業を成長産業にする目標を入れた「日本再興戦略」を閣議決定し、農業に関係ない企業でも日本の農地を手に入れられるよう、大きく扉を開いてくれたのだ。

役員は農業者でなくてもよくなり、議決権を持つ農業者の必要数は４分の３から半数に減らされ、企業は50％の議決権を持てるようになった。役員の４分の１が年間60日間農作業に出なくても、役員以外の社員（部長や支店長でＯＫ）を１人畑に出せば条件はクリアだ。

これなら外国人投資家がグッと買いやすくなる。

だが、農地とは単なる土地ではない。

領土であり水源であり、環境に影響を与え、日本人の安全保障を左右する重要な資産だ。

２０１８年３月23日。参議院農水委員会で、「外国人が日本の農地を所有することの問題」を指摘された齋藤健農林水産大臣は、きっぱりとこう反論している。

「わが国では、基本的に外国法人の流入はありません」

だが、本当にそうだろうか？

中国企業の農地買い占めラッシュと中国政府の野望

２０１８年２月22日。

フランスのマクロン大統領は、外資による農地買い占めを規制する方針を発表した。

「フランスの農地は、我が国の主権に関わる戦略的投資だ。購入の目的も不明なままで、外国企業に土地が買われることを許すわけにはいかない」

世界では今、枯渇する〈食糧〉と〈水〉をめぐる争奪戦が起きている。過熱する奪い合いは巨大な利益を生み出し、生命に直結したものほどマネーゲームの商品価値は高い。

化学業界では世界規模の再編が加速している

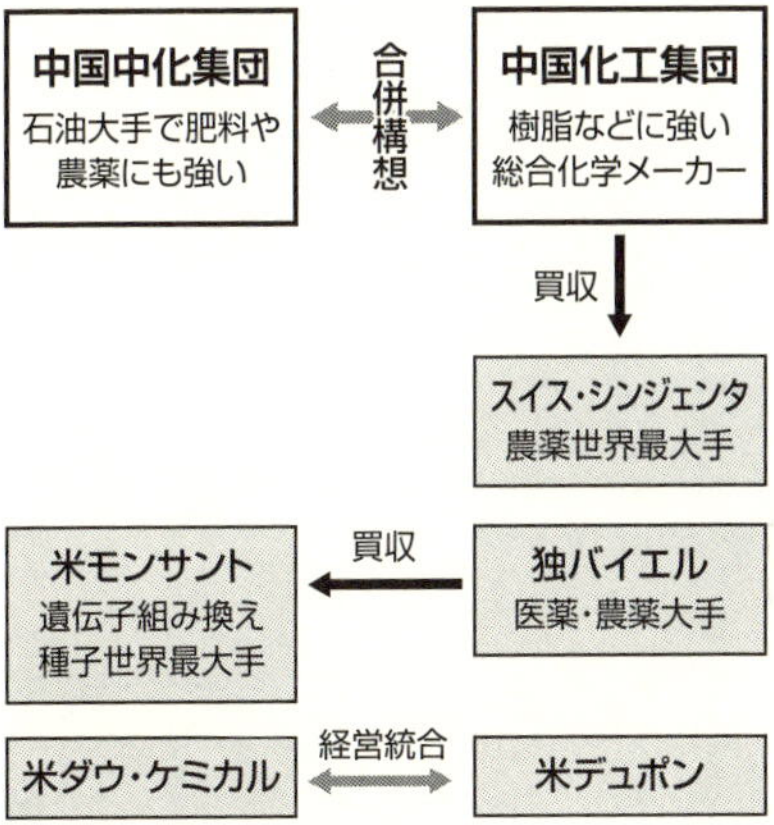

※各種資料をもとに堤オフィス作成

今フランスの国家主権を脅かしているのは、食糧と水のどちらも不足が深刻な、中国企業による農地の買い占めだ。国内の河川の70%が汚染されている中国では、水資源の確保が政府の緊急課題になっている。

さらに中国企業群は、開発途上国の農地を買い占め、最安値の労働コストで作った遺伝子組み換え作物の輸出で莫大な利益を上げるという米アグリビジネスを手本にしながら、猛スピードでその後を追い上げているのだ。

寡占化が進む世界のアグリビジネスは今、

米中独の3カ国がトップの座を争っている。

２０１７年に経営統合した米ダウ・ケミカル社と米デュポン社、２０１８年に米モンサント社を買収した独バイエル社、そして２０１６年にスイスのシンジェンタ社を買収した中国国営化学会社の中国化工集団《ケムチャイナ》だ。

農薬で世界トップ、種子で世界3位の地位を誇り、90以上の国と地域でアグリビジネスを展開するシンジェンタ社を手に入れた中国は、これから世界市場進出にさらに力を入れてゆくだろう。

農地には「労働者・流通・消費者」の3セットを導入せよ

中国政府は自国企業に海外の農地買収を奨励し、中国企業による外国の農地取得件数は、アフリカなどの途上国からアメリカやフランス、オーストラリア、カナダや日本などの先進国まで、世界各地で急増中だ。

農地を買った中国企業は、労働者も流通も消費者も、全てセットでビジネス計画に組み入れる。

これもまた、１９８０年代に家族経営の小規模農業から大規模アグリビジネスにシフトしたアメリカで使われた、垂直統合のビジネスモデルだ。

アメリカでは大企業が農地を買い占め大規模農場化し、元からその土地にいた家族経営農家をフランチャイズ形式で雇い、最安値の労働コストで生産させている。生産だけでなく、加工も流通も全て傘下にある子会社が請け負うという、最大限効率化されたシステムだ。

農産物の市場価格が下がったり、土地が劣化して使えなくなるなど、採算が取れなくなった時は、速やかにその国から撤退すればいい。

中国の農業関係海外直接投資の推移
（2003～16年）

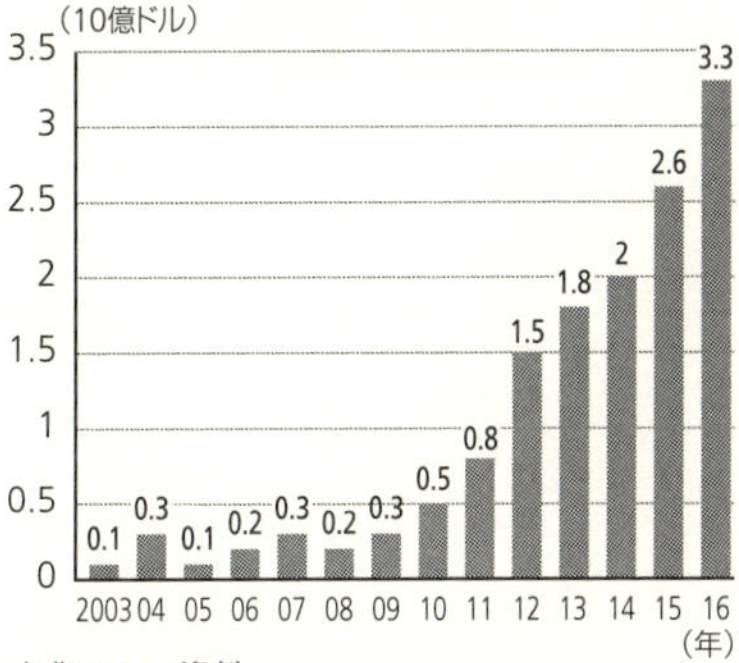

出典：USDA資料

外国資本がアグリビジネスで農地を爆買いしているブラジルでは、株主がブラジル国外にいる外国企業による土地への投資が、環境を破壊し、家族経営農家を廃業させ、株式会社の大規模農場とそれ以外の国民の経済格差を拡大させることから、大統領府が「外国人土地規制法」の改正を急ピッチで進めている。

すでに耕作地の2・5%、外国資本による農地取得の4分の1が中国企業に所有されているオーストラリアでは、中国企業が土地を買い占めて大規模なワイン醸造所を作り、そこで生産したワインを中国人のバイヤーが全て買い上げ、「オーストラリア産ワイン」の好きな中国人客に売っている。

中国人の中国人による中国人のためのアグリビジネスは、地元にお金が落ちない上に、現地の農家がことごとく潰され、集約された大規模農場は、自国の食糧供給を脅かす安全保障問題に発展してしまった。

農地とは単に農業をするためだけのものではない。〈食糧〉と〈水〉という、その国にとっての貴重な資産なのだ。

外国からの投資拡大を目指し、安易に外国企業による土地購入を許してしまったオーストラリア政府は慌てて規制強化に動き出し、前述したフランスを始めとする欧州の国々も後に続き始めている。

日本で農地を買うとありえないおまけが盛りだくさん！

一方、日本政府はスピーディに逆行中だ。

世界の大半の国が、安全保障の観点から外国人の土地購入に規制をかける中、外国人に土地所有権を与え、一度取得した土地は何にでも自由に使わせてくれる日本のような国は珍しい。

2016年、日本で買われた土地面積は202ヘクタール（ほとんどが北海道の森林）で、前年の3倍に増えていた。購入者の8割は中国系、産経新聞の宮本雅史記者によると、北海道ではすでに東京ドーム400個分の土地が中国資本に買い占められ、沖縄でも国が借り上げている米軍用地の10分の1がすでに中国資本による所有だという。

中国人投資家が愛用する海外不動産情報サイトでは、日本不動産の人気が上昇中だ。

ここ5、6年で外国人による土地購入を規制する自治体も出てきたが、その分今回の法改正で、農業者でなくても簡単に買えるようになった農地に矛先が向いてゆくだろう。

何しろ日本で土地を買うと、他国では絶対にありえないおまけが色々ついてくる。

法人を設立してスタッフを2人おけば「管理者ビザ」がおり、10年たてば、永住権まで取得できるのだ。

外国人の土地購入については、安全保障上の問題があるとして複数の国会議員が声をあげているが、危機感のない日本政府の反応は鈍い。

実は日本には大正時代から、国防上、重要な地域については外国人の土地所有を禁止／制限できる法律、「外国人土地法」（大正14年公布：法律42号）がある。

ただしこの法律は、内閣がやると決めて「政令」を出さないと運用できない。そして、なぜか「政令」は、今まで一度も出されていないのだ。

モタモタしているうちに、2019年に発効予定のTPPがやってくる。

TPPの「投資・サービスに関する留保」附属書の10番目はこうだ。

「政令により、日本国における外国人または外国の法人による土地の取得または賃借を禁止し、又は制限することができる。但し、〔筆者注：その土地を所有する〕日本国の国民又は法人が、その国において、同一又は類似の禁止又は制限を課されている場合に限る」

TPPが発効したら、もはや日本人の資産を守る政令すら出せないではないか。

8 森が売られる

森の木々が奪われる

2018年5月。

参議院本会議で、またしてもほとんどの国民が知らないうちに、日本の資産を売る法改正が決められた。

「森林経営管理法」だ。

自治体が森林を所有する住民の経営状況をチェックして、「きちんと管理する気がない」とみなされたら、どこかの企業に委託してその森林を伐採できるようにする。

所有者が「切らないでくれ」と言っても、市町村や知事の決定があれば、所有者の意思に関係なく伐採しても良い（樹齢55年以上のものは全て伐採）。

日本の木材供給量と自給率の推移（用材部門）

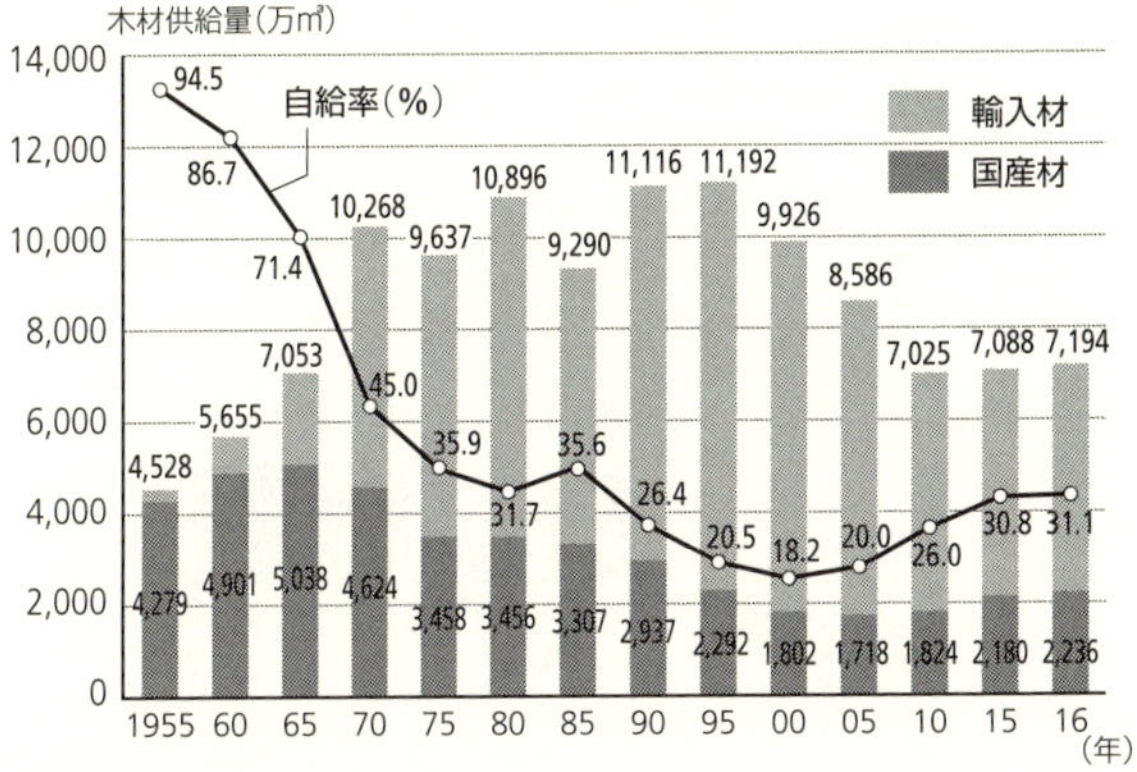

出典：森林・林業学習館

早い話が、森の木々を企業が切りやすくする法改正だ。

日本は国土の3分の2を森林が占めている。

森林では80種類の鳥と３４００種の植物が多様な生態系を形成し、おもに人間が出す二酸化炭素を吸収し、地中に張り巡らせた根っこが土壌を支えて土砂崩れを防ぎ、土壌に蓄えた雨水をゆっくりと浄化しながら河川に流している。蒸発散作用でヒートアイランド現象を抑えて気温を調整し、環境に優しい資源を提供し、生きものたちを癒す効果もある。

様々な恩恵をもたらす森林は、我が国の大切な資源の一つなのだ。

だが、貴い資源の価値よりも目先の利益で動いた政府が「拡大造林計画」を強引に進め、自然林を散々人工林にした後で、それに追い打ちをかけ

世界の木材自給率と森林率

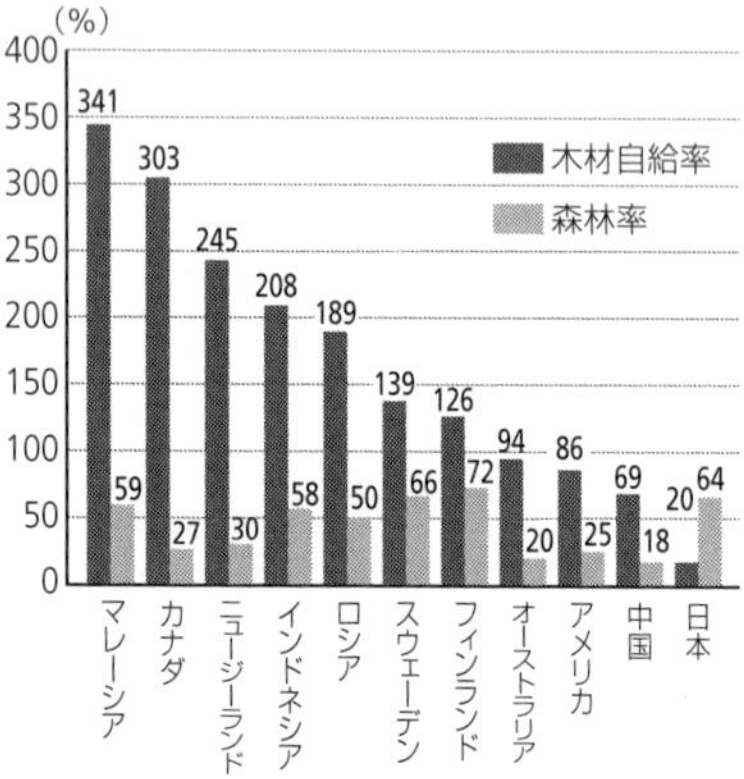

出典：林野庁「木材需給表」及びFAO「STATE OF THE WORLD'S FORESTS 2005」

るように、今度は木材の輸入を自由化した。

外国製の安い輸入木材が入ってきたせいで木材全体の値段が下がり、国内の林業従事者は経営的に追い詰められて次々に廃業、林業人口はどんどん減ってゆき、多くの森林も手が入れられず放置されるようになってしまった。

そうしてどんどん衰退し、２０００年代初めに木材自給率が20％を切るという危機的な状況になった頃、ようやく60年代、70年代に植林した木々が成長し、木材として使える時期がやって来た。

だが長い年月をかけてやっと成熟した新しい木々は、日本の林業復活にとってだけでなく、木材ビジネスにとってもまた、途方もない「宝の山」であった。

これに目をつけたのが、現在日本であらゆる改革をイケイケどんどんで進めている、政府の「規制改革推進会議」だ。

〈失礼ながら森林所有者の方々は、経営状態も悪い上に高齢化していらっしゃる。森林の手入れなど手が回らないのでしょう。これではせっかくの資源が活かされない。衰退しかけた我が国の林業がようやく復活しかかっている時にもったいないではありませんか。

でも大丈夫、解決策がちゃんとあります。「国産木材の供給量を増やす」という政府の方針にぴったりの方法が。

そう、企業のノウハウを入れるんです〉

そのノウハウを提供するのは、例えば、木材チップを使うバイオマス発電事業を精力的に全国展開しているオリックスだ。

バイオマス発電の電力は「固定価格買取制度」を使って政府が高く買い取ってくれるので、木材チップはこれからドル箱になる。

森林伐採の費用は、政府がわざわざ無期限延長してくれた森林環境税（国民一人につき1000円）が後押ししてくれることになったので、企業側の経費は安く済むだろう。

前述した、日本で〈水道〉〈放射性廃棄物〉に続く3つ目のプロジェクト〈バイオマス発電ビジネス〉を進める仏ヴェオリア社も、これには拍手喝采だ。

自社の会長が偶然にも国家戦略特区会議のメンバーで、特区で農地をたくさん買い占めてアグリビジネスも上昇気流に乗っているオリックスは、「森林経営管理法」でまたしても、会心のヒットを飛ばしたのだった。

日本の財産「100年曲げわっぱ」が格安木材のために消えてゆく

だが現場の森林関係者からは、怒りの声があがっていた。

この法案について林野庁《りんやちょう》が出した資料に、「8割の森林所有者は経営意欲が低い」と書かれていたのだ。アンケートには「経営意欲に関する」項目はなく、この調査結果を出すために、林野庁の豊かな想像力がフル回転で使われたことは明らかだった。

おまけにそこには「意欲の低い森林所有者のうち7割は伐採する気すらない」とあり、切っても運び出せないほどの急斜面や山奥に、「拡大計画」だと言ってスギやヒノキを植えまくった自分たち政府の責任は、堂々と森林所有者に責任転嫁されている。

そもそも森に手が入れられないもう一つの理由は、国が木材の関税をなくしたせいで木材価格が安くなりすぎ、林業従事者が生活できなくなったためだ。それを棚に上げ、「森林所有者はやる気がないから国の方で企業に森林を差し出してやる」というのはひどいこじつけだ。

かつて「拡大造林計画」で森を荒らした反省もなく、今度は樹齢のバランスを無視した「拡大伐採計画」をごり押しして、どんどん木を切らせろという。

あの時、国が水害対策だといって全国に植えた大量のスギは確かに伐採期を迎えているが、ただやみくもに切ればいいというものではない。

樹齢に合わせ少しずつ順番に切っていかないと、森が維持できなくなってしまうのだ。
「やる気がないから切らない」のではなく、「50年、100年単位で森林計画を立てているからこそ、まだ切らない」と決めている所有者も少なくない。

だがそうやってじっくり育てて作る良質の木材需要が減り、今日本ではバイオマス発電や安いインスタント合板などに使う低級木材が大量に出回っている。だからこそ日本の林業従事者たちは、森林大国日本ならではの、高品質木材を増やそうとしてきたのだ。

例えば秋田県の大館《おおだて》曲げわっぱ協同組合は、東北森林管理局米代東部森林管理署に働きかけ、同市町村の国有林約20ヘクタールに「大館曲げわっぱの森」を設置した。

現在樹齢110年のスギは、あと半世紀育てれば、曲げわっぱの高級木材になる。

日本には、まだまだこういうAランクの高級木材になる木がたくさん生えており、樹齢を長くすることで、森林の生態と多様性を維持しながら高級木材を増やすことは十分できるのだ。

「林業を成長産業にせよ」というならば、「曲げわっぱ」のような優れた品質の木材を価値ある日本ブランドとして売り出しながら、森林の生態系を100年単位で維持してゆく方が、よほど持続可能で現実的ではないか？

だが政府は今回の法改正で、樹齢55年以上の木は全て伐採するという。

低品質の木材を接着剤や薬剤で加工する巨大企業に、安い木材を大量に差し出すためだ。

バサバサ切られる木の中には、今切らずこれから樹齢を重ねさせれば、素晴らしい高級木材になる木も混ざっているだろう。それらの木材に企業が好きに値札をつけて売りさばいてしまえば、「曲げわっぱ」を始め、時間をかけて高品質の木材を育てている林業従事者たちは、もうやっていかれなくなってしまう。

山を崩せ、林道をどんどん切り開け

今回の「森林経営管理法」は、自治体が委託した企業にどんどん森林を切らせることで、あちこちの森林を集約し、効率良い大規模ビジネスにすることを目指している。

酪農や農業、漁業で政府が進めているのと、全く同じビジネスモデルだ。

だがここには、機械を使って広範囲に林道を切り開くことによる大きなリスクは含まれていない。

伐採した木材を運ぶための高性能の大型機械を入れるため、日本はバブルの時代から、各地で森を切り開き、巨大な林道を作り、数十トンもある大型機械を無理やり走らせてきた。

だが山岳地帯の日本で、山の形状を無視して無理に斜面を削ったために、やがて林道は崩れ、豪雨の時に山崩れなどを誘発するようになってしまった。

森林をよく知る小規模林業従事者は、山を極力削らない。

山の形状に負荷をかけない「自伐《じばつ》型林業」というやり方で、切った木材を工夫して並べ、巨大トラックでなく2トントラックに小さな運搬機を乗せてそっと運ぶのだ。

例えば徳島県にある、豪雨でもびくともしなかった自伐型林業の山が、日本にとってなくてはならない「防災」という安全保障機能の一つになっていることを、知っている人はどれだけいるだろう？

豪雨災害で水没した岡山県倉敷市真備町／堤オフィス撮影

一般的な林業のように短期計画で伐採・造林を受注するのではなく、自伐型林業は森林所有者から任せられた森林を、多様性を持つ一つの生態系として長期スパンで管理する。初期投資が少なくてすみ継続的な収入につながるとして、自伐型林業は今、全国にじわじわと拡大しているのだ。

こうした価値は、大量の安い木材を特定企業に差し出すために、国民から取った森林税で企業に山を切り崩させ、山と共存してきた林業従事者を切り捨ててしまえば見えなくなってしまう。

自然災害大国のここ日本で、山が本来持っている、豪雨や台風や洪水から民を守る機能がどんどん失われ、災害に弱い町が全国各地に作られている現状は、森を「林業ビジネスの商品」としてしか見ないことの愚かさを、どれほど教えてくれているだろう？

四半期利益でものを見る「今だけカネだけ自分だけ」の浅はかな政策によって、100年かけて土と水と空気を育ててくれる、「森林」というこの国の貴い資産が、今危機にさらされている。

9 海が売られる

漁業を成長産業にせよ

2016年6月。

農水省で奥原正明氏の事務次官就任が発表された時、多くの農業・漁業・林業関係者の耳には、自分たちの運命の歯車が大きく回り出す音が聞こえたことだろう。

「農業を産業にして日本から農水省をなくすことが理想」と公言し、関係者の間では「農水官僚の皮を被った経産官僚」と呼ばれる奥原氏。

この新事務次官が情熱を注ぐのは、政府の規制改革推進会議の意向に沿った、「林業と水産業の民間企業への開放」だ。

林業は国有林を企業に開放し、水産業は養殖ビジネスに企業が入りやすいよう、漁協が管理する漁業権を民間企業に開放する。

早速、規制緩和に忠実なメンバーが厳選されてワーキンググループ（WG）が立ち上げられた。これから日本の農業・漁業の運命を握るこの面々が、最初の会議で揃って口にした言葉はこうだ。

水産ワーキンググループ（WG）のメンバー

座長
野坂美穂委員（多摩大学経営情報学部専任講師）
座長代理
原英史委員（政策工房代表取締役社長）
長谷川幸洋委員（東京新聞・中日新聞論説副主幹）
林いづみ委員（弁護士）

「農業は専門外の素人なので、これから勉強させていただきます」

規制改革を効率よく進めるには、完璧すぎる人選だった。

農業・漁業の当事者も組合関係者もいないので、反論も出ず、予定調和でサクサク進む。

手始めに「林業は2017年中に結論を出して実行、漁業は2017年中に検討を始めて2018年に実行する」という、世にもスピーディな工程表が作られた。

漁業に関して、メンバーの意見は一致している。日本の漁業の衰退は、漁船の老朽化と漁業者の高齢化が原因だ。解決策はたった一つ、今すぐ「成長産業」にするしかない。

もっと根本の原因である、1961年の「自由化」で安い輸入の水産物が大量に流れ込み国内漁業を圧迫しているという事実の方は、最後まで議論のテーブルには乗せられなかった。

野坂美穂座長はこうまとめた。

「海外の事例や、すでに実施された特区の例を教訓にすべきです」

すでに実施された特区とは、2013年に宮城県が実施した「水産特区」を指している。

漁業を株式会社にせよ！　〜宮城県知事の華麗なる野望〜

東日本大震災で東北の漁業が最大被害を受けた後、宮城県の村井嘉浩《よしひろ》知事は力強くこう力説した。

「単なる復旧ではなく、集約、大規模化、株式会社化の1セットで水産業を根本から変えるのだ！」

そして現場漁業者や組合の反対意見を押し切って、日本初の水産特区を強引に導入する。

その内容はこうだ。県内140カ所ある漁港のうち、小さな漁港は潰してまとめ、3分の1に減らす。漁業権は企業に渡し、漁業者はその会社の社員になればいい。

高齢化や漁船の老朽化、国民の魚離れなどから衰退しつつある漁業は、この特区で必ずや活性化し、若者を引きつけ、後継者不足も解消するはずだ。

養殖サーモンビジネスで世界的な成功を収め、水産業が若者の人気職業第1位になったという、「養殖長者ノルウェー」のように。

だが漁業関係者と漁協は、これに猛反対した。

養殖は、知識や経験に基づく技術や判断力がものをいう業界だ。儲かりそうだからと企業が金にものをいわせて参入して、うまくいくものじゃない。海には海のルールがある。周りの漁業者や地元住民との協力を調整する漁協を排除して好き勝手にやられたら、誰が日本の海を守るのか？　漁協が企業の参入を邪魔している？　それは嘘だ。すでに参入している日本水産やマルハニチロなどの日本企業は、ちゃんとこのルールを守って漁協に加入し組合員になり、問題なくやっているではないか。

そもそも企業が守るのは、海でも漁村でもなく、「株主」だ。

採算が取れなければ、さっさと撤退する。

かつて大分県と高知県でハマチ養殖に参入したノルウェー企業は、5年連続赤字を出した挙句に突如撤退し、残された地元漁業者は設備投資分の借金を抱え、大勢廃業してしまった。

企業が自己都合で撤退し地方経済が崩れても、誰も責任を取ってなどくれないのだ。

村井知事は、漁港を3分の1に減らし、行き場をなくした漁民に漁業を捨ててサラリーマンになれという。一体全体これは誰のための復興なのか？

だがこれらの声は、「漁業の株式会社化」という自らの構想に情熱を燃やす村井知事の耳に届くどころか、むしろその決意に火を注ぐ結果となった。

「どんなに嫌われ者になっても、やり遂げる！」

知事は敵に包囲された正義の主人公のごとく熱い口調で宣言し、行く手を阻《はば》む障害物を速やかに排除し始めた。

まず特区に関する細かいルールを決める「協議会」のメンバーは、国と県と特区参入企業のみで構成し、現場の中小漁業者や漁協関係者は全て蚊帳《かや》の外に置く。

特区を進めるのに必要なのは「漁業を知り尽くした海の男」ではなく、「漁業ビジネスに詳しい経営コンサルタント」なのだ。

10年というスパンで行われ、巨額の利権が動く「東北復興ビジネス」。

凄まじい争奪戦の中、見事に他社を引き離し宮城県の「震災復興基本方針全面支援企業」の座を手に入れたのは野村総合研究所だ。財界が望む「集約、大規模化、株式会社化」という3つを旗印に、村井知事の改革は華やかなスタートを切ったのだった。

売られた漁業は大失敗

だが、それから5年後の2018年3月。宮城県が水産庁に提出した「特区に関する報告書」は、知事の掲げた「企業参入で活性化」からはほど遠い内容だった。

特区導入後に参入したのは「桃浦かき生産者合同会社」1社のみ。復興推進計画で掲げた生産量と生産額は、目標の6～7割しか達成されておらず、桃浦かき生産者合同会社の雇われ社員となった漁業者の一人当たりの手取り収入は、社外の漁業者に比べ大幅に低くなっている。

漁協を通さずに漁業権を手に入れたこの企業は、地域の漁業者同士で決めた出荷日よりも前に出荷したり、宮城以外から取り寄せた商標登録されていない他県のかきを加工して売るなど、周りの漁業者に迷惑をかけ県のブランドイメージを傷つける、世にも勝手な行動を繰り返していた。

では、企業のノウハウが取り入れられた結果、肝心の財政は良くなったのか？

答えはノーだ。フタを開けてみると、黒字だったのは1億円の震災寄付金があった初年度と、国の助成金が出た翌年の2年間のみ。巨額の税金が投入されたにもかかわらず、復興計画の目標は未達成で、3年目からは毎年赤字が膨らんでいる。

4600万円の累積赤字については県議会で中嶋廉共産

「桃浦かき生産者合同会社」の経営状況

	各年度の当期利益	うち雇用創出助成金
2012年	▲37,200千円	―
2013年	25,450千円	17,203千円
2014年	8,629千円	6,198千円
2015年	▲4,481千円	2,974千円
2016年	▲37,900千円	600千円

出典：宮城県議県政ニュース

党県議らが指摘したが、県は「大丈夫、これから良くなるから」と根拠のない言葉を並べるだけで、無断で他県のかきを使用したことなどへの検証も目標未達成の数値分析もなく、詳しい財務状況も明らかにしていない。それどころか県は、ますます強まる地元漁業関係者の反対を引き続き無視し、水産特区を続ける気満々だ。

そしてまた、全国初の特区がコケたくらいでは、奥原事務次官の野望はビクともしない。

この手の失敗は、新聞とテレビが沈黙すればほとんどの国民に知らされず、なかったことにできるのだ。

宮城県のローカル紙に小さな記事が載った後、この問題は終わりになった。

改革はスピードが全てだ。立ち止まらず速やかに進まねばならない。

特区という第一ステップは済み、いよいよ全国展開に進む段階だった。

２０１８年5月24日。

水産庁は養殖業への企業参入を加速させ、水産業を「成長産業」とする改革案を発表した。

自治体が地元の漁業協同組合に「漁業権」を優先的に与えるルールを廃止し、養殖用の漁業権を、漁協を通さず「企業」が買えるようにする。

さらに水揚げ漁港の集約や、沖合・遠洋漁業の漁船のトン数制限撤廃も入っており、これらを２０１８年10月の臨時国会で一気に法律として導入する狙いだ。

どれも規制改革会議が全国の自治体にも漁業関係者にも知らせず「秘密」で進めていたもので、寝耳に水の都道府県と現場関係者は大きなショックを受けた。

日本の海を持続可能な共通資源として管理する役割を担ってきた漁協は、県知事の指揮下で沿岸の海を守るため、一部漁業者の獲りすぎで価格低下や資源枯渇が起きないよう休漁期間を決めるなど、独自のルールで小規模漁業者や漁村、多様な日本の水産資源を管理してきた。

何十種類もの魚の資源管理と価格維持、様々な種類の漁業の一括管理などは、ビジネスのためだけでなく、海と共存しその天然資源の一部を人間が頂戴するために、長い間かけてそれぞれの地域の漁業者たちが現場で作り上げてきた貴重なノウハウだ。元水産庁職員で、鹿児島大学水産学部の佐野雅昭教授によると、各県の漁協が自分たちの海を守るルールを地域ごとに作り厳しく管理する日本のこの制度は、世界からも注目されているという。

自治体から直接漁業権が買えることになれば、コスト重視の企業はわざわざ漁協に入らないだろう。漁協に加入すると漁業権使用料を始め、施設利用料や販売手数料など細々とした経費を支払わなければならないからだ。

だが漁協を支える組合員が出資しなければ、漁場と環境を維持するための浜の清掃や稚魚・稚貝の放流作業、漁場の定期検査や造成、海難事故の際の救助など、公共資産である海を守ってゆくための必要経費が出せなくなってしまう。

そして漁港を集約すれば、小さな船で地元港に水揚げしていた零細漁業者はやっていかれなくなり、漁村は衰退するだろう。漁船のトン制限を取り去ることで、今後は外国の大型漁船がやってくる。ＥＵが外国船のアクセスを自由化したことで、ノルウェー、フランス、ベルギー、オランダから大型漁船が次々に押し寄せ、地元漁師の大半が潰されてしまったイギリスの失敗例は有名だ。

96％が家族漁業からなる日本の第一次産業と豊かな海を、私たちはこれからどうやって守るのか？

２０１３年11月。ＴＰＰ交渉に途中参加させてもらう条件に、日本はアメリカとの間に「日米二国間文書」を交わしている。そこでの約束を忠実に守り、ＴＰＰ条約に沿った国内環境を作るべく、規制改革推進会議はこの間せっせと法改正を主導してきた。

今回の漁業改革も、２０１９年発効予定のＴＰＰ11にぴったり沿っている。

第20章16条及び第10章「国境を越えるサービスの貿易」の附属書によると、日本が自国漁民に沿岸の優先的権利を付与することは許されない。

ＴＰＰ交渉で日本政府は、自国漁業を守らなかったのだ。

漁業権を投資商品にせよ

「海は誰のものでもないはずだ」

宮城県の村井知事はそう言って、県の漁業権を企業が自由に買えるようにした。

その後の改革の中身を見ると、この言葉が意味するものは、決して「海は母なる地球のもの」などという美しい話ではない。

一番高く買った者が、好きなように使える権利を手にすべきだという意味だ。

グローバル化した世界では、利益を出したい投資家や企業群が、公的資産であるはずの、種子や森、地下水や遺伝子、CO_2を排出する権利に至るまで、何もかもに値札をつけてゆく。

海も例外ではなかった。

１９７０年後半より、アイスランド、オランダ、カナダなどが、海を使う権利を商品にした。「譲渡性個別割当」（ＩＴＱ）と呼ばれるこの制度では、最も多く金を出した者が海で漁業をする権利を持てる。

かつて日本にも似たような制度があり、漁業権は買い付けや借金の担保に売買されていた。金持ちの地主が漁業権を買い占め、地元漁業者が安い雇われ労働者になり下がり、このままでは国の資源である海と漁村を守れないという危機感が広がってゆく。

そこで戦後、漁業権の貸付と売買を禁止するために登場したのが、「漁業法」だ。

この「漁業法」によって、漁業権は金のあるなしではなく、地元の海で働く漁業者がメンバーとなって出資する漁業組合に、優先的に渡されるようになった。

96%が地元の小規模沿岸漁業者で構成される漁協は、ずっと漁業を続けていかれるよう、海の使い方に厳しいルールを課す。企業が沿岸に原発を建設する際、まず影響を及ぼす区域の漁業権を買うために、漁協と長期にわたる交渉を重ねなければならないのはこのためだ。

もし、再び戦前の体制に戻し、企業が自由に漁業権を買えるようにすれば、原発建設は今よりずっと楽になる。

海は、投資商品としても優秀だ。漁業権を複数買い占め、広域枠が欲しい企業に転売すれば、かなりの高値がつくだろう。

だがこれには副作用もある。

オーストラリアでは全体漁獲量の4割、ニュージーランドでは6割、アイスランドではほとんどすべての総漁獲量（98%）が証券化され、経済危機の時に外資に買い上げられてしまった。

80年代に経済不況から新自由主義に転向したニュージーランドでは、漁業権を証券化した政府によって、漁業は名実ともに「商品」にされた。

旗振り役だった漁業省のスタン・クローサー氏の説明はこうだ。

「漁業の目的は漁民や漁村の維持でなく、経済的利益とする。以上」

チリでは漁業権の9割が、わずか7社の企業に買い占められている。

漁業権がEU管理下に置かれたイギリスでは、地元で魚を獲ることができなくなった漁師の9割が、EU離脱を支持していた。

中国・大連の漁師たちは、違法と知りながらなぜ他国の領海に入るのか?

理由は乱獲で水産資源が枯渇していることに加え、「漁業権」を権力者が買い占めてしまい、地元で漁ができなくなったからだという。

ちなみに、これらは他人事ではない。

2019年にTPPが発効されると、「漁業権」は入札制になり、日本の漁協が資金力で太刀打ちできない大手外国企業も参加するオークションの「商品」になるからだ。

魚が国民の重要な食糧である島国日本で、地元の漁師がやっていかれなくなったらどうなるだろう? テレビでは無責任なコメンテーターが、魚より肉を食べるからいい、魚を食べたければスーパーで輸入魚を買えばいい、と言う。

だが、本当にそうだろうか?

食生活が欧米化したといっても、餌の8割を輸入飼料に依存している肉や卵や乳製品は、輸出国の政策や、為替レートや自然災害、疫病などで、生産に支障が出たら即アウトになる(干ばつによる不作で輸出を止めたロシアの小麦や、アメリカでBSE感染牛が出た際に牛丼チェーンから牛丼が消えた時のことを思い出してほしい)。

TPPやEPAで海外からの輸入品を買えばいいというのも、リスクは全く同じだ。

それに比べて魚は、日本人の食糧供給にとって主要タンパク質である上に、前述した佐野雅昭教授によると、海面漁業漁獲量はアメリカやロシアと並べても引けを取らない規模だという。

これから世界中で食糧が不足してゆく中、魚を成長産業にして国際競争力云々の前に、国がまず守らなければならないのは、明らかに自国漁業者と魚の自給率の方だろう。

だが農業や漁業という第一次産業が「共同体」や「地方の雇用」、「環境」や「国民の食糧供給」という、100年単位で国が守るべき資産だという考えは、規制改革会議と財界の描く未来の青写真には明らかに存在しない。

彼らにとって財産とは、むしろ国の規制によって手足を縛られた未来のビジネスチャンスの方であり、現在最優先で進められているのは、完全に自由化された世界市場で、企業が最大利益を出すための環境作りの方なのだ。

農業も漁業も林業も、邪魔な規制が取り払われて、国境を越えたビジネスを回す「商品」にされるべく着々と切り売りされてゆく。

その本家本元である80年代のアメリカでは、国内の第一次産業を規制緩和と自由化で解体した後、それに続く重要ステップとして、生産、流通、小売まで全て企業の傘下に入れて効率化する「垂直統合」が導入された。

だがアメリカ発のこのビジネスモデルを日本に入れる際、もう一つ邪魔になるものがある。生産規模の大小にかかわらず、国内のあらゆる生産者が多種多様な食品を平等に取引し、安全で質の高い食を適正価格で全国各地の国民に届ける、日本が持つあの世界最大級の公設市場システムだ。

10 築地が売られる

世界に誇る公設卸売市場を民営化せよ

2018年6月15日。

カジノ法が衆議院内閣委で強行採決され、各地で怒りのデモが行われていたあの日、全国の生産者も流通業者も、ほとんど誰も気づかぬうちに、日本人の大切な資産が、また一つ売りに出された。

その日の午後参議院でひっそり成立したのは、「卸売市場法改正」(=卸売市場法及び食品流通構造改善促進法の一部を改正する法律)、公設卸売市場の民営化だ。

肉や果物、魚など、生鮮食品を卸業者が生産者から集荷して、それを仲卸業者が買い付けて小売業者に売るという我が国の「卸売市場」。

大正7年の米騒動で、市場原理に任せて米価格の暴騰を招き失敗した政府が、「巨大資本による買い占めを許してはならない」として約80年前に作ったこのシステムが、私たち日本人の食の安全と安定供給をずっと支えてきたことを、今の子供たちは知っているだろうか？

各地の卸売市場が生鮮食品の需給を調整しながら価格形成し、築地のような中央卸売市場は食品衛生検査員を派遣して食の安全を守るのだ。

卸売市場では、生産者の大半を占める小規模農家や漁業者が、不作豊作にかかわらず安心して出荷することができる。前述した牛乳と同じように、生鮮食品も日持ちしないので生産者はできるだけ早く売らなければならず、価格交渉で弱い立場になりやすい。

だが卸売市場では、イオンやダイエーのような大手小売業者から地方の小さな商店まで全て平等に扱われるので、作ったものを卸業者に委託すれば、競《せ》りにかけられる時も輸送コストや出荷量で差をつけられる心配はなくなる。行きすぎた価格競争で一人勝ちした巨大スーパーが流通を独占することもなく、目利きの仲卸業者がその時の需要と供給にあった適正価格をつけてくれるからだ。

また、工場で大量生産するものと違い形や品質もバラバラなので、仲卸業者の存在は、買い手である消費者に安心安全な食品を届けるためのチェック機能にもなっている。

卸売市場の目的は、力のある企業が勝ち抜いてゆくためでなく、あくまでも国民のための食の安全と品質、それを生み出す全国の生産者を守るという「公益」だ。株主のための利益拡大という、180度対極にある使命を持つ民間企業に、果たしてこの役割ができるだろうか？

「日本は食の多様性がありすぎる！」と撤退した大手フランス企業

近年はネットの普及で、市場を通さず直接生産者から買う業者が増えて仲買人《なかがいにん》が職を失うケースも増えているものの、商店街と地域経済を守るこの公共インフラは、極めて民主的な「食の流通プラットフォーム」として、世界から注目されてきた。

東京中央市場の中澤誠労組執行委員長は、卸売市場は「モノ」ではなく「人」を育てる場所だという。

〈質の良いものを作る「生産者」を育て、
良いものを高く買うことで生産者を守る「卸業者」を育て、
品質を見極め、適正価格をつける目を持つ「仲卸業者」を育てる〉

食品流通の権威である秋谷重男埼玉大学名誉教授が「近代の傑作《けっさく》」と呼ぶこの優れたシステムは、巨大資本が市場を独占しつつある今の世界では、極めて希少な存在だろう。

世界的なスーパーチェーン「カルフール」があるフランスでは、流通市場の75%を上位5社の巨大企業が握っている。流通業界の寡占化が進む先進国ではどこも大企業が市場の半分近くかそれ以上を独占しており、イギリスでは65%、アメリカでは45%というのが現状だ。

レーガン政権で独占禁止法を規制緩和して流通を「垂直統合」したアメリカでは、激安小売店最大手の「ウォルマート」が生産、加工、流通まで全て自社の傘下に入れ、価格競争にさらされた中小生産者と地方商店街がバタバタと倒産している。全米の食品販売の5割、地域によっては9割を同社を含む上位4社の大手スーパーが占め、シャッター通り化した地域社会は多様性を失い、そこで受け継がれていた文化や伝統、共同体の消滅が止まらない。

そんな中日本の卸売市場は、国産生鮮食品の8割以上が集まる場所にもかかわらず、大手スーパー上位5社が流通に占める割合をわずか3割に抑え、品質と安全だけでなく、食の「多様性」を維持してきた。

2000年に日本に参入した仏カルフール社はこの「多様性」について行けず、「扱う生鮮食品の種類が多すぎる」と悲鳴をあげ、わずか5年で撤退したのだった。

だが政府と規制改革推進会議にとっては、第一次産業や地域経済、食の安全保障を守るより、来2019年に発効するTPP協定に反する国内公共インフラをなんとかする方が急務だった。

斎藤健農水大臣が参議院本会議で公言したように、卸売市場を民営化する今回の法改正は、「総合的ＴＰＰ関連政策大綱《たいこう》」に沿って、規制改革推進会議が出したものだ。

「ＴＰＰ協定」では、卸売市場のような公共インフラは企業のビジネスを阻むのでＮＧになる。ＴＰＰ協定を前提にした日本国内の環境づくりに尽力中の政府は速やかに改正法を通し、早速そのための障害物を取り除く作業に着手した。

築地を解体するステップ

まずは卸売市場自体の民営化だ。

築地のような中央卸売市場を開設できるのは、人口20万人以上の自治体に限られている。だが政府は今回の法改正で、一定以上の大きさと条件を満たせば企業が開設できるようにした。整備の仕方も運営方法も、自治体が口を出せる部分がぐっと減り、企業が独自のルールを決められるようになる。

これについては農水委員会でも、懸念の声が出されていた。

例えばローソンが運営する農業生産法人「ローソンファーム」のような大手業者が民間卸売市場を開設し、自社傘下の農業法人で生産した農産物を大量に仕入れ始めれば、中小の生産者は入りづらくなり、やがて淘汰されてゆくだろう。

これについては農水大臣も、そういうケースは増えてゆくだろうと認めている。

全ての生産者が平等に扱われていたからこそ膨大な種類の生鮮品が市場に出ていたが、公的なルールが外され自由競争になれば、生産規模や交渉力による力の差で弱者が振り落とされ、全体の種類は減ってゆく。多種多様な質の良い食品が売られる場所が消えてゆけば、私たち日本人は食の選択肢を失うことになる。

次のステップは、企業の仕入れコストを最大限削減できるよう、仲卸業者を通さない直接取引の解禁だ。これなら企業は競りなど行かず、卸業者から直接買うか、生産者から直接仕入れて中間コストを節約できる。

入荷した品は市場の中だけで取引するというルールも廃止され、市場の外で売ることもできるようになった。実際この方法でネット販売などをする業者が増えたことによる仲卸業者の廃業が問題になっていたが、政府は公的な役割を果たす卸売市場を立て直すより、コスト削減を望む企業利益を優先したのだった。

需要と供給のバランス、そして品質で適正価格をつける仲卸業者がいなければ、全ての取引の判断基準は「価格」だけになってしまう。価格競争にさらされた小規模生産者が大手スーパーと対等に交渉するのは難しく、今後は「言い値」で買い叩かれるケースが増えるだろう。

冷凍業者や巨大スーパーは大口で買うから単価を下げろと要求し、それに対応できる大規模生産者とそうでない小規模生産者との差がどんどん開いてゆく。

日本国民への「食の安定供給」も危うくなる。

農業や漁業のように天候などの不可抗力で生産を左右される不安定な生鮮食品は、この仲卸業者がいるからこそ、国民に安定的に供給できていたのだ。

仲卸業者が減ってしまうと、小さな八百屋のような中小小売店は立ちゆかなくなり、地方の商店街のシャッター通り化はますます加速するだろう。

今まで自治体がやっていた、食の安全についての指導や検査、監督権限を民間企業に丸投げすることで、食の安全を守るという公的な役割も保証されなくなってしまう。

質に見合った適正価格で取り引きされていた食材が自由競争になれば、消費者側も価格以外の判断基準がわからなくなる。これまで「違いがわかる仲卸業者の審美眼」を信じてきた、寿司屋を始めとする高級飲食店からあがっているのは、「築地ブランドが消えた後、一体どこで高品質の食材を仕入れれば良いのか？」という不安の声だ。

都市部の中心に集めた富を、地方の生産者と商店街に戻すことで地域経済を循環させていた「築地卸売市場」の公的機能が、政府によって解体されてゆく。

生産者と小売業者、食品の品質・安全と適正価格を守り、消費者と地方経済を守るための卸売市場は、今までも政府の度重なる法改正で公共の利益になる部分がじわじわと骨抜きにされてきたが、ついに今後は名実ともに、企業利益を最大化するための「物流センター」にされるのだ。

築地VS豊洲？　真の目的は卸売市場の解体

築80年を超える築地卸売市場は、首都圏の人口増や施設の老朽化などの問題が出てきたため、1986年に東京都から再整備計画が打ち出されていた。

だがその後東京都は、売れば2兆円になる地価の高い築地でわざわざ建て替えるより、市場ごと豊洲へ移転させるよう180度方針を変え、市場関係者の間から大きな反発が出ている。

豊洲は店ごとの面積が狭く、床は弱くて、活魚を入れた重い水槽を置くことすらできない。敷地が道路で分断されていて搬入しにくい上に、建設予定の商業施設「千客万来」と近すぎて、トラックが大渋滞を起こすリスクもある。

さらに土壌汚染問題まで出てきて、どう考えても築地から移る関係者がまともに働ける環境ではないのだ。

築地女将《おかみ》さん会の会長と、築地市場営業権組合は、これを東京都中央卸売市場条例の第28条「営業権侵害」として、小池都知事に抗議した。

だがすでに2020年のオリンピック用に、築地跡地を通る新しい道路「環状第2号線」の建設計画を進めている東京都と都知事の耳には、そこで生計を立てている当事者たちの声はちっとも届かず、「築地を守り、豊洲を活かす」という小池都知事の謎なフレーズだけが独り歩きしている。

そうこうするうちに、豊洲市場の事業計画自体が東京都によって粉飾されていたことまで発覚した（しんぶん赤旗、２０１８年９月９日付）。

まともに使えない豊洲に、現場の人々を無理やり引っ越しさせるのはなぜなのか？

安倍政権と規制改革会議のロードマップをよく見れば、その真の理由が見えるだろう。

築地に留まろうが豊洲に移ろうが、市場関係者が小池劇場に振り回されているすきに、卸売市場という日本人の資産が政府の手で土台から崩され、ふと気づいた時には、帰る市場そのものがなくなっているかもしれない。

築地騒動の本質は、単なる「移設問題」ではない。アメリカやEUの大手スーパーやアマゾン、ウォール街投資家らのための「解体ショー」なのだ。

前述した中澤誠執行委員長は、こう言っている。

「卸売市場というのは誰かが〈生き残る〉ためのものではありません。〈皆で生きてゆく〉ためのものなのです。そして、その最高傑作が築地市場なのです。

この建物の全体が〈みんなで生きてゆこう〉と語りかけてくる。だから、築地市場を絶対に壊してはいけないのです」

第2章 日本人の未来が売られる

1 労働者が売られる

どんなに働いても違法にならないワケ

「二度と働きすぎで命を落とす人が出ないよう、決意を持って働き方を改革する」

電通社員の自殺が過労死認定された時、安倍総理は神妙な表情でこう宣言した。

日本国憲法第27条2項には、「賃金、就業時間、休息その他の勤労条件に関する基準は、法律でこれを定める」とある。

だが国内の過労死件数は、毎年増大中だ。2018年7月6日に厚労省が発表した2017年度の過労死労災請求件数は、前年より161件増の2572件で過去最多、一日7人以上が、脳や心臓疾患、精神障害で労災となっている。

国連からも強く非難されている『蟹工船』のような環境がまかり通っているのだ。

それから間もなくして、総理は自らの宣言を行動に移し、日本人の働き方が改革された。

今後、過労死認定される労働者の数は、間違いなく減ってゆくだろう。

どれだけ働きすぎても、これからは合法になるからだ。

２０１８年5月31日。

衆議院本会議で「働き方改革法案」が可決された。

数々の問題が指摘されていた上に、厚労省がデータを捏造《ねつぞう》するなど法案決定プロセスもめちゃくちゃだったこの法案、特にその中の「高度プロフェッショナル制度」（高プロ）は、極めて危険な内容なので、日本中のサラリーマンは絶対に知っておいた方がいい。

労働者の命と健康を守る「労働時間の規制」が、事実上なくなるからだ。

会社はあなたを4週間で4日間休ませれば、残り24日間は24時間働かせても合法になる。

もはや長時間労働が原因で死んでも「過労死」とはみなされないので、統計上の「過労死」が減るという、まさに雇う側と政府の両方にとっては一石二鳥の法律だろう。

「高プロの対象は年収１０７５万円以上で専門分野の人でしょう。自分は関係ないです」と思っているとしたら、ちょっと待ってほしい。

この法律は多くの国民に重要部分が知られておらず、かなり誤解されているからだ。

まずこの法律には「年収１０７５万円」という数字は、どこにも書いていない。

「厚労省の決めた基準平均給与の3倍＋若干色をつけた額」がそのくらいという意味で、この金額は国会を通さずに厚労省が好きなように決められる（10円でもＯＫだ）。

しかも基準給与は、実際もらう給料ではなくもらえる見込みの額なので、例えば１０００万

産業競争力会議 議員名簿(平成28年4月1日現在)

議　長	安倍晋三(内閣総理大臣)
議長代理	麻生太郎(副総理)
副議長	石原伸晃(経済再生担当大臣兼 内閣府特命担当大臣〔経済財政政策〕)
同	菅義偉(内閣官房長官)
同	林幹雄(経済産業大臣)
議　員	馳浩(文部科学大臣)
同	河野太郎(内閣府特命担当大臣〔規制改革〕)
同	島尻安伊子(内閣府特命担当大臣〔科学技術政策〕)
同	加藤勝信(一億総活躍担当大臣)
同	石破茂(まち・ひと・しごと創生担当大臣)
同	岡素之(住友商事株式会社相談役)
同	金丸恭文(フューチャー株式会社代表取締役会長兼社長 グループCEO)
同	小林喜光(株式会社三菱ケミカルホールディングス取締役会長)
同	小室淑恵(株式会社ワーク・ライフバランス代表取締役社長)
同	竹中平蔵(東洋大学教授、慶應義塾大学名誉教授)
同	野原佐和子(イプシ・マーケティング研究所代表取締役社長)
同	橋本和仁(国立研究開発法人物質・材料研究機構理事長)
同	三木谷浩史(楽天株式会社代表取締役会長兼社長)
同	三村明夫(新日鐵住金株式会社相談役名誉会長、日本商工会議所会頭)

出典:官邸HP

円で契約した後、会社から押しつけられた大量の仕事が半分しか終わらずその分給料を半額にされても、あなたは「高プロ」の対象なので、残業代はなしだ。

そんなのおかしい、許されるはずがない！　一体なぜだ？　とあなたは思うかもしれない。

これについては、この法案の旗振り役だった、産業競争力会議の竹中平蔵氏がわかりやすく説明してくれている。

「時間内に仕事を終えられない生産性の低い人に、残業代という補助金を出すのは、一般論としておかしいからです」

竹中氏を含め、メンバー全員が大企業役員で構成された政府の産業競争力会議も、もちろん全員一致で同じ考えだ。

共にこの法案をプッシュした経団連と前厚労大臣も、「対象年収はやはり400万円まで下げるべきですなあ」などと言っており、給料が高い低いにかかわらず、とにかく無能な社員に残業代を出すこと自体が間違いだという。

代わりに「時間でなく成果で評価する」高プロを入れれば、そういう社員の生産性が上がるだろうというわけだ。

ちなみに上がった分の成果が「賃金」に反映される規定は一切ないので、企業側にはいいことずくめになる。

なるほど、企業役員たちの考えはよくわかった。

だが、なぜ肝心の社員の側の意見が入っていないのか？

政府は「時間ではなく、成果で評価されたい人のニーズに合わせて作った法律です」と言っているではないか？　ニーズを出したその人たちは、一体どこにいるのだろう？

だがフタを開けてみると、総理大臣曰く「労働者のニーズではなく、経済界から制度創設の意見があったので作りました」とのこと。労働者のニーズで作ったという「働き方改革法案」は、実は雇う側の要望で作った「働かせ方改革法案」だった。

対象職種はこれから決められる

「それじゃ高プロ対象の金融関係者や、専門分野の人が余りにもかわいそうでは？」

国民のこうした声に対し、厚労省の山越敬一労働基準局長が正確に答えてくれているから見てみよう。

「対象になる職種は、法案成立後に議論します」（厚労委員会質疑にて）

何を隠そう、高プロの対象になる年収、職種、労働時間は、まだ決まっていないのだ。

職種は金融関係者や専門家だけでなく、厚労省がこれからいくらでも広げられる。ちなみにこれは国会を通す必要がない「省令」なので、国会議員はその作成や訂正に一切手を出せない。

全てが見えないところで決められた後、最後に国民に知らされるスタイルだ。

ちょうど、86年に導入された労働者派遣法の対象が、いつのまにかどんどん拡大され、99年には全職種派遣OKになっていたように。

だが派遣社員と高プロ正社員には、大きな違いが一つある。

派遣社員の働き方は労働基準法で守られるが、高プロ社員は労働基準法の適用外になり、守ってくれる法律が存在しないのだ。

一方、雇う側にとっては、これが逆になる。派遣社員は対象業務以外をやらせたら違法だが、対象職種以外の労働者を高プロ扱いにしても、特に会社側への罰則はない。

それじゃまるで、残業代なしの過労死コース一直線じゃないか。

そんな不安を吹き飛ばすように、前述した産業競争力会議の竹中平蔵氏は東京新聞のインタビューで、「それは誤解だ、実際は逆だ」と説明してくれている。

「この法律は過労死を防止するための法案です。ちゃんと年間104日以上（週休2日）の休みを義務化している。なぜこんなに反対が出るのかわかりませんねえ」

その年間104日が、お盆と年末と正月と祝日を含めて数える週休2日だということや、健康診断を受けさせれば24時間24日間連続で働かせても合法になることについては、同氏は特に触れなかった。

結局この「働き方」ならぬ「働かせ方改革法案」は、野党や市民団体の猛烈な反対を押し切って賛成多数で成立し、最後まで総理に面会してもらえなかった過労死遺族の会は、「過労死は絶対に出る、私たちにはわかる」と悔しさを訴えていた。

産業競争力会議メンバーは、企業には理性があるという。

そんなひどい働かせ方をするわけがないと。

だが、本当にそうだろうか。

中小企業の倒産件数はリーマンショック以来過去最多を記録しており、その主な原因は人件費だ。東京商工リサーチによると、中小企業金融円滑化法案により倒産を防いできたが、倒産件数は今後さらに増えてゆく見込みだという。

生き残りのために人件費を削ることがより容易になった今、果たして私たち労働者の側は、どこまで彼らの理性をアテにできるだろう？

今後一気に悪化するだろう日本の労働環境で、肉体疲労時の栄養補給はいくらあっても足りなくなる。この法案の発案者である、産業競争力会議の長谷川閑史《やすちか》氏が当時代表取締役を務めていた、武田薬品のメガヒット商品「アリナミンV」程度では、とても間に合わないだろう。

総理の決意で実現した、この「働かせ方改革」には続きがあった。

政府は同じタイミングで、「外国人労働者（移民）50万人計画」を発表したのだ。

予定通り今後高プロの対象を広げてゆけば、労働時間に関係なくギリギリまで安く働かされる労働者が増えてゆく。そこに日本人より安く雇える外国人労働者が入ってくれば価格競争が起き、賃金は低い方に合わせて下がってゆくだろう。

これで企業側は、今よりさらに大きく人件費をカットできるようになる。

2年前から政府にこの「高度プロフェッショナル制度」を提案し、この法案の成立を誰よりも強く押していた竹中平蔵氏のビジネスに、温かい風が吹き始めていた。

2　日本人の仕事が売られる

政府が目指す「女性が輝く社会」（ただし女性＝外国人労働者）

２０１４年1月22日。

世界経済フォーラム年次会議の冒頭演説で、安倍総理は高らかにこう言った。

「春先には、国家戦略特区が動き出します。向こう2年間、そこではいかなる既得権益といえども、私の〈ドリル〉から無傷ではいられません。

いまだに活用されていない資源の最たるもの。それが女性の力ですから、日本は女性に輝く機会を与える場でなくてはなりません。（略）

多くの女性が市場の主人公となるためには、多様な労働環境と、家事の補助、あるいはお年寄りの介護などの分野に〈外国人〉のサポートが必要です……」

その翌年の２０１５年7月8日。

総理がスピーチの中で触れた国家戦略特区は改正され「改正国家戦略特区法」が成立。手始めに特区内で、外国人労働者の家事代行サービス（メイドサービス）が解禁される。

国内の外国人労働者数の推移

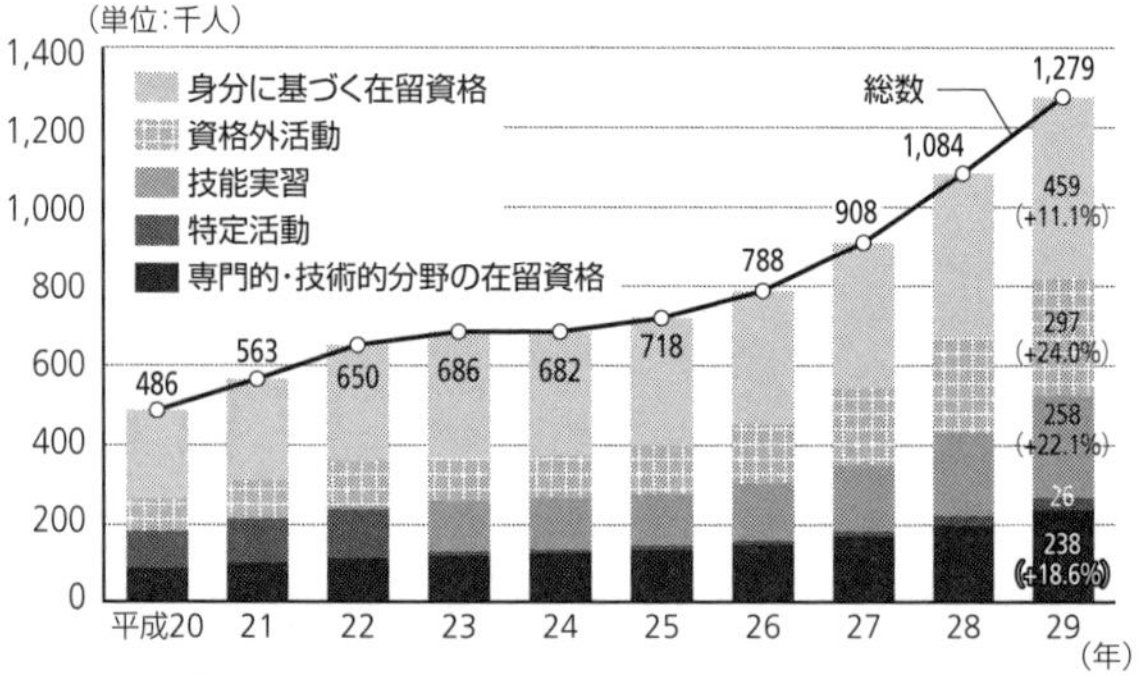

注1:(　)内は、前年同期比を示している。
注2:「専門的・技術的分野の在留資格」とは、就労目的で在留が認められるものであり、経営者、技術者、研究者、外国料理の調理師等が該当する。
注3:「身分に基づく在留資格」とは、我が国において有する身分又は地位に基づくものであり、永住者、日系人等が該当する。
注4:「特定活動」とは、法務大臣が個々の外国人について特に指定する活動を行うもの。
注5:「資格外活動」とは、本来の在留目的である活動以外に就労活動を行うもの(原則週28時間以内)であり、留学生のアルバイト等が該当する。
注6:平成22年7月の入管法改正により在留資格「技能実習」を新設(以前は「特定活動」)。

出典:厚生労働省「『外国人雇用状況』の届出状況まとめ(平成29年10月末現在)」

国民は安保法制の反対で粉叫し、ワイドショーがその話題一色だったせいで、この改正はまたしてもほとんど気づかれないまま、ひっそりと決まった。

母国での研修と1年以上の実務経験を条件に、外国人労働者が政府に委託された企業と契約を結び、在留資格を得る仕組みだ。神奈川、大阪、東京の3地域からスタートし、うまくいけば全国に広げてゆく。

これを要求したのは、国家戦略特区諮問会議のメンバーで人材派遣最大手パソナグループ取締役会長の竹中平蔵氏だった。竹中氏は前年5月に国家戦略特区のワーキンググループに「女性が輝く国にするために外国人の家事労働活用をメニューに入れたので、よろしく」と指示を出し、すぐにWGが関係省庁と10回にわたるヒアリングを開始した。

奇妙なことに、この時の話し合いは10回中8回が原則公開ルールに反して非公開にされ、そこで何が話されたのかは今も闇の中だ。

竹中氏の強い働きかけは、その後すぐに同氏のビジネスに目に見える形で実を結ぶ。

最初に手を挙げた神奈川県で、外国人労働者による家事代行サービスにおける政府の斡旋事業を受注したのは、他でもないパソナグループの子会社だった（他にもダスキン、ベアーズ、ポピンズ、ニチイ学館などが後に続く）。竹中氏の国家戦略特区諮問会議によって、しっかり参入事業者に選ばれていたからだ。

パソナはさっさとフィリピンの人材派遣大手「マグサイサイグローバル」の家事代行部門と提携を済ませ、２０１６年1月にはフィリピンで研修を修了した家事手伝い50人が、パソナと直接雇用契約する段取りをつけた。

その後大阪、東京でも受け入れが開始され、３年弱でおよそ１０００人の外国人労働者を斡旋、同社に巨額の利益がもたらされることになる。

平成28年度(農林水産省)
事業名:輸出総合サポートプロジェクト事業
支出先:株式会社パソナ
支出額:1500万円

平成28年度(日本貿易振興機構)
事業名:対日直接投資の促進
支出先:株式会社パソナ
支出額:1600万円·1000万円

平成29年度(厚生労働省)
事業名:生活困窮者自立相談支援事業費等負担金
支出先:株式会社パソナ
支出額:2億8400万円

平成29年度(厚生労働省)
事業名:中小企業のための女性活躍推進事業
支出先:株式会社パソナ
支出額:1億8900万円

平成29年度(厚生労働省)
事業名:農薬等ポジティブリスト制度推進事業
支出先:株式会社パソナOGXA
支出額:500万円

平成29年度(厚生労働省)
事業名:独立行政法人労働政策研究·研修機構運営費
支出先:株式会社パソナ
支出額:1900万円

平成29年度(厚生労働省)
事業名:地域保健活動普及等委託費
支出先:株式会社パソナ
支出額:400万円

平成29年度(厚生労働省)
事業名:民間人材サービスの活用による労働市場の機能強化事業
支出先:株式会社パソナ(関東ブロック)
支出額:8830万円
支出先:株式会社パソナ(近畿ブロック)
支出額:4870万円
支出先:株式会社パソナ(北海道ブロック)
支出額:550万円
支出先:株式会社パソナ(九州ブロック)
支出額:250万円

平成29年度(厚生労働省)
事業名:両立支援に関する雇用管理改善事業
支出先:株式会社パソナ
支出額:1億9000万円

平成29年度(農林水産省)
事業名:農業人材力強化総合支援事業(旧新規就農·経営継承総合支援事業)
支出先:株式会社パソナ農援隊
支出額:1600万円

平成29年度(農林水産省)
事業名:輸出総合サポートプロジェクト
支出先:株式会社パソナ
支出額:1500万円

平成30年度(東京五輪·パラリンピック競技大会組織委員会)
事業名:東京五輪オフィシャルサポーター
支出先:株式会社パソナ
契約金:非公開
***五輪ボランティアの募集·研修·人材派遣業務を受注**

竹中会長が旗を振り、パソナが受注する最強タッグ!?

※各種資料をもとに堤オフィス作成

国が発注し、パソナグループが受注した事業リスト

平成28年度(経済産業省)
事業名:地域経済産業活性化対策等調査·分析
支出先:株式会社パソナ
支出額:400万円

平成28年度(経済産業省)
事業名:小規模事業支援パッケージ事業
支出先:株式会社パソナ
支出額:2700万円

平成28年度(経済産業省)
事業名:多様な「人活」支援サービス創出事業
支出先:株式会社パソナ
支出額:4600万円

平成28年度(経済産業省)
事業名:地域創業促進支援委託事業
支出先:株式会社パソナ
支出額:3億4300万円

平成28年度(経済産業省)
事業名:独立行政法人日本貿易振興機構運営事業(交付金)
支出先:株式会社パソナ
支出額:1600万円·1000万円

平成28年度(経済産業省)
事業名:研究開発型ベンチャー支援事業(起業家候補人材支援事業)
支出先:株式会社パソナテック
支出額:4億7200万円

平成28年度(経済産業省)
事業名:中小企業·小規模事業者人材対策事業
支出先:株式会社パソナ
支出額:1億7000万円·3500万円

平成28年度(経済産業省)
事業名:中小企業·小規模事業者ワンストップ総合支援事業
支出先:株式会社パソナ
支出額:9億800万円

平成28年度(経済産業省)
事業名:技術協力活用型·新興国市場開拓事業
支出先:株式会社パソナ
支出額:2億5000万円

平成28年度(厚生労働省)
事業名:中小企業のための女性活躍推進事業
支出先:株式会社パソナ
支出額:2億4800万円

平成28年度(厚生労働省)
事業名:地域保健活動普及等委託費
支出先:株式会社パソナ
支出額:500万円
支出先:株式会社パソナメディカル
支出額:300万円

平成28年度(厚生労働省)
事業名:国立更生援護施設運営事業
支出先:株式会社パソナ
支出額:1200万円

平成28年度(厚生労働省)
事業名:若年者地域連携事業
支出先:大阪労働協会·パソナ共同企業体
支出額:1億800万円

平成28年度(厚生労働省)
事業名:中央ナースセンター事業
支出先:株式会社パソナ
支出額:300万円

平成28年度(農林水産省)
事業名:新規就農·経営継承総合支援事業
支出先:株式会社パソナ農援隊
支出額:1600万円

平成28年度(農林水産省)
事業名:6次産業化ネットワーク推進対策事業
支出先:株式会社パソナ
支出額:1200万円

外国人労働者、受け入れの推移

2008年6月	外国人材交流推進議員連盟、「今後50年で人口の10%を移民に：毎年20万人移民受け入れ」方針決定
2008年12月	夫婦関係にない外国人の子を日本人が認知すれば、子が日本国籍を取得できる国籍法改正法案成立
2012年11月	自民党、政権公約で留学生30万人計画
2013年7月	自民党、東南アジア5カ国へのビザ発給要件緩和
2014年1月	政府が高度技能を持つ外国人に高度専門職の在留資格を創設し、3年間の滞在で無期限在留できるようにする改正出入国管理及び難民認定法を提出
2014年3月	政府が毎年20万人の移民受け入れを本格的に検討開始
2014年3月	自民党、企業の外国人比率を10%にする提言案
2014年3月	自民党日本経済再生本部の労働力強化·生産性向上グループが、外国人技能実習生在留期間を通算8年まで延長の方針へ
2014年6月	一定条件下で在留期間が無期限になる「高度専門職2号」を創設する入管法改正案が第186回通常国会にて可決
2014年10月	風俗店従業員名簿の国籍記載義務をなくす内閣府令
2016年3月	訪日外国人「2030年に6000万人」目標を「観光ビジョン構想会議」(議長·安倍総理)にて発表
2016年6月	政府が、2020年までに外国人留学生の就職率を30%から50%にする「日本再興戦略2016」を閣議決定
2017年5月	政府が「移民50万人計画」を打ち出す
2017年6月	政府が、研究施設での外国人比率を30%にする「科学技術イノベーション総合戦略2017」を閣議決定
2017年6月	政府がアニメ、観光、服飾、飲食などの「クールジャパン外国人」人材の在留資格を緩和
2018年7月	政府が外国人の自治体職員が複数の職に就くことを認める規制緩和を決定。省令改正を法務省に指示
2018年7月	政府が外国人労働者の新たな在留資格を設ける「入国管理法改正案」を秋の臨時国会に提出方針

政府はじわじわと外国人労働者の受け入れ体制の整備を進めている。

※各種資料をもとに堤オフィス作成

老後は誰に介護してもらいますか？

〈鉄は熱いうちに打て〉という言葉がある。

戦略が大成功した時は、立ち止まらず次々にビジネスチャンスをつかんでゆくべきだ。特区の外国人メイドサービス導入で活躍した竹中平蔵氏は、そのことを誰よりもよくわかっていた。

世界の高齢化トップランナーの日本は、同じ問題を抱える先進国の間で注目の的だ。

だが介護業界の人手不足は、年々深刻になっている。現場判断を要するきつい仕事にもかかわらず、賃金が平均21万5200円、全職種平均より9万円弱安く、人がすぐ辞めてしまうのだ。厚労省のデータによると、団塊の世代が75歳になる2025年、日本は介護士が38万人不足する。介護士確保は待ったなしだが、解決策がないわけじゃない。

幸い日本には資格を持っていながら現場にいない介護士が53万人もいる。介護現場を魅力的な現場にするよう国を挙げて取り組めば、若者の雇用も生まれ、ずっと先には世界に先駆けた高齢化先進国としての成功モデルになるだろう。

だが政府が望んでいたのは、「ずっと先」の介護先進国ではなく、企業が手にする「四半期で目に見える果実」の方だった。

2015年、政府は介護士の給与を上げるどころか、9年ぶりに介護報酬をバッサリ減らし、その結果、過去最多数の施設がばたばたと倒産、中国系ファンドに次々に買い占められてしまった。

介護ビジネスもアグリビジネスと同様に、今世界的な優良投資商品の一つとして急成長している。拙著『沈みゆく大国アメリカ2』(集英社新書)に詳しく書いたが、アメリカではフランチャイズの民間老人ホームや、介護施設の不動産リート(投資商品の一つ)が投資家たちの間で大人気だ。入居率9割以上、家賃収入だけで初年度から安定した配当収入を得ることができるこの商品は、ひと口3万ドル(約300万円)で、最初の5年は年間6%の配当が年2回、施設は平均5年で売却されるので、その時点で10%から15%の利益を受け取れる。

ニューヨークで証券会社に勤めていた頃、筆者は同僚に誘われてこの介護施設の不動産リートの説明会に参加した。この商品を買うと絶対に損をしないというその説明のポイントは、「人件費削減、サービス縮小、回転率アップ」の3点だった(特に3番目が恐ろしい)。

このビジネスは国内外で展開されているが、一緒に参加した株のトレーダーに、「他国の民間老人施設に出資する際、何を一番重要視するべきか」と聞いたところ、ズバリ「人件費」という答えが返ってきたのを覚えている。「老後」が投資商品として売買される世界では、現場介護士の報酬は、低ければ低いほど歓迎されるのだ。

そしてウォール街と外資介護ビジネス業界は、すでに高齢者大国の日本に狙いを定めていた。

２０１４年1月。アメリカの大手在宅介護サービス「Right at Home」が長野県の綿半ホールディングスと提携し、ライトアットホームを設立。日本の介護ビジネスへの本格的な参入を開始する。外資は日本での介護ビジネス参入に、大きな期待を向け始めた。

親会社にロイヤリティを支払いながらのフランチャイズビジネスは、いかに現場のコストを下げられるかどうかが肝になる。

だが、心配は無用だった。最大コストである人件費を下げるための環境は、〈国家戦略特区諮問会議〉が抜かりなく準備してくれていた。

外国人労働者で介護の人件費カット

２０１６年11月18日。

竹中平蔵氏が毎回出席する国家戦略特区諮問会議の提案で、外国人労働者の受け入れ分野に、「介護」を加える法改正が成立した。これで日本に参入してくるアメリカ大手介護ビジネスチェーンや中国系ファンド、各種投資家たちにとって、人件費についての選択肢が大幅に広がることになる。外資の場合は、あらかじめ自社の社員として雇ってから日本の現場で安く働かせることも可能だ。外国人技能実習生なら最低賃金で雇うこともでき、それによってさらに日本人介護士の給与も引き下げられてゆく。

この改正後、国内外の投資ファンドマネーが日本の介護ビジネスに次々に流れ込んできた。

2016年9月26日。欧州大手ファンドのCVCキャピタルパートナーズ社は、有料老人ホーム「長谷川介護サービス」を傘下に持つ「長谷川ホールディングス」社を買収した。同年10月には、日本産業推進機構が高齢者住宅事業のSCホールディングスを買収、三菱UFJリースと日本政策投資銀行は、病院・介護施設の新設などに資金を供給するファンドを設立している。

竹中平蔵氏のビジネスは、南風を受けてさらに大きく羽ばたいてゆく。

アジア10カ国22拠点で外国人向け就職相談デスクを展開し、就職への不安を解消しながら具体的ステップを指導してくれるパソナグローバル人材部門はこれから大いに忙しくなるだろう。

もっとじゃんじゃん外国人労働者を！

介護業界に外国人労働者を導入した国家戦略特区諮問会議は、同じように猫の手も借りたいほどの人手不足が年々深刻になる飲食店や宿泊業などのサービス業も見逃さなかった。

こうした業界は他の業種と比べ、労働時間が平均170〜180時間と長い上に、給料水準は最も低く、まともに生活するのはかなり難しい。

下手したら、あっという間に過労死コースだ。

大半を学生アルバイトやパートなどの非正規労働者が占めており、業界全体が安売り競争にさらされているため、1人の業務が増える一方で人件費はどんどん下がり、もはや募集をかけても大学生ですら寄りつかなくなっている。

だが、大企業役員である国家戦略特区諮問会議のメンバーたちがこの状況を審議すると、最安値で長時間使える人材へのニーズ拡大は、「社会問題」ではなく「ビジネスチャンス」になる。

2017年2月。

国家戦略特区諮問会議は、サービス業で働く外国人労働者が在留資格を取りやすくするよう、取得条件を緩めることを決定した。

実務経験の期間や必要最低限の学歴など、外国人労働者ができるだけ楽にパスできるように変えて、速やかに働き始めてもらうのだ。

いつものように、最初は特区内でスタートするのが良いだろう。

総理が公言しているように、どのみちそこから全国に広げてゆく予定になっている。

成功すれば、という条件がついているが、そこは全く問題にならない。成功の判断基準は労働者の感想ではなく、雇う側の四半期利益だからだ。今より低賃金で長時間働いてくれる外国人労働者が増えれば、人件費は下がり、利益は間違いなく上昇する。

一橋大学経済研究所の試算でも、単純労働に外国人が100万人入れば、国内の賃金は24%下落するという数字が出ているのだ。

こうした政府の方針によって、「人・モノ・サービス」はますます自由に国境を越えて売買され、2019年のTPP発効までに、日本に参入してくる外資や投資家が「世界一ビジネスをしやすい環境」が着々と作り上げられてゆく。

外国人人材専用の就職イベントを定期的に開催し、大学と連携し外国人留学生をきめ細かくカウンセリングし、日本の労働市場へ外国人を次々に導き入れる、パソナグローバルのような大手人材派遣会社は、飛ぶ鳥を落とす勢いだ。

未だに「国家戦略特区」はよく知られていない

国内法の規制をエリア限定で撤廃する国家戦略特区は、いってみればTPPのお試し版だ。

前述したように、これで企業利益が伸びれば「実験成功」とみなされて全国に広げられるので、かなり大きく社会が変わることになる。

こんな重要な法律にもかかわらず、国家戦略特区については大して取り上げられもせず、ひっそりと、だが着々と進んできた。

筆者が最初にこの法律の危険性について雑誌「週刊現代」に記事を書いたのは、2012年秋だった。だが周囲の反応はさっぱりで、五輪開催地決定やみのもんたスキャンダルなどで忙しいマスコミ関係者も全く興味を示さず、全国各地の講演先に至っては「トック？　何それ美味しいの？」に近い反応だった。

そして奇妙なことに、この法律が動く時はいつも決まって何か別の大ニュースにかき消されるのだ。

「国家戦略特区法」が成立した2013年12月7日。

あの日はテレビも新聞も、同じ日に成立した「特定秘密保護法」の強行採決を報道し、野党や国民は反対デモで忙しく、話題にもならなかった。

その後も繰り返し改正され規制が緩められているが、その度にワイドショーには別のビッグニュースが流れ、国家戦略特区法は国民の関心を素通りし続けている。

TPPが大筋合意した時も、トランプ大統領がTPPから離脱した時も、安倍総理の努力が実り、アメリカ抜きのTPPが成立した時でさえ、テレビも新聞も「TPP」と、その国内版である「国家戦略特区」とを、リンクさせようとはしなかった。

面ではなく点としてバラバラに流される報道は、全体像を見えなくさせ本質から目をそらさせる。

TPPに途中参加した日本が、その入場料として、あの時アメリカと約束した「日米二国間文書」。TPPを推進する米国財界の夢である「人・モノ・サービス」の3つが、規制なしで自由に取り引きされる世界。彼らの意向に沿って、日本政府がその下準備としての法改正を、この間着実に進めてきたこと。その入り口が、「国家戦略特区」だったのだ。

投資家たちは、リスクを嫌う。

万が一、参加国の交渉が分裂したり、国内から障害物（トランプのようなTPP反対の大統領だ）が出てくるリスクに備え、最大ターゲットの日本に対し、事前準備をさせておくほどに抜かりない。

手始めに家事手伝いと診療所医師、介護士での外国人労働者解禁と、特区での実験もあらかた済んで、いよいよ本命の政策に手をかける時だった。

いよいよ本命「移民50万人」解禁だ

２０１８年6月15日。

政府は「経済財政運営と改革の基本方針」（骨太の方針）で、ついに２０２５年までに、50万人の外国人労働者を受け入れる方針を発表した。

先の「介護」に加えて「建設」「農業」「宿泊」「造船」の5分野で、在留期間は最長5年。

すでに最長滞在期間が5年間の技能実習生なら、延長5年で合計10年間、日本で働けるようになる。

これまでこうした分野は、アジアからの技能実習生によって担われていた。

例えば人手が足りない農業現場では技能実習生への依存度が年々高まり、すでに年間雇用者の2割から3割を占めている。

農業の他に、漁業、建設、機械、食品、衣服、ビル清掃（他多数）など、受け入れ人数は年々増えてゆき、2015年には2万950人に膨れ上がっていた。

外国人労働者の受け入れ予定数

分野	期間	人数
介護	毎年	1万人程度
農業	2023年まで	最大10.3万人
建設	2025年まで	30万人以上
造船	2025年まで	2.1万人
宿泊	2030年まで	8.5万人

※政府試算

外国人技能実習生の失踪者数

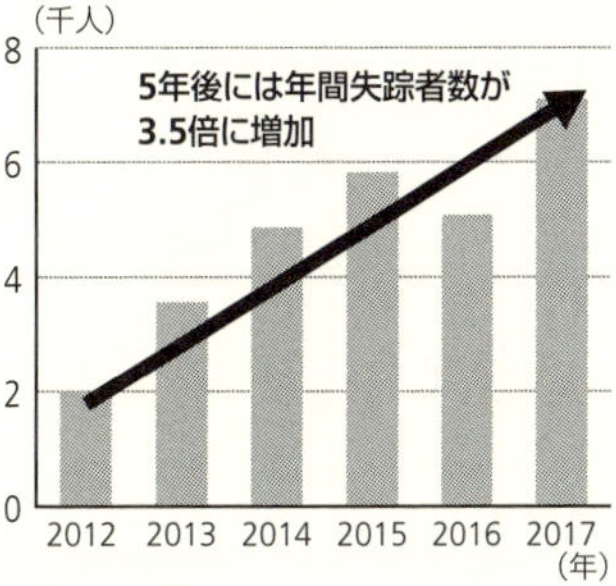

出典：経産省データ（2018年7月30日付）

母国の斡旋業者に法外な手数料を払い、借金を背負って来日する実習生たちは立場が弱い。給料は最低賃金以上とされ、途中で職を変えることもできず、ブラックな働かされ方を余儀なくされても声があげられないのだ。あまりの辛さに逃げ出す者が後を絶たず、2

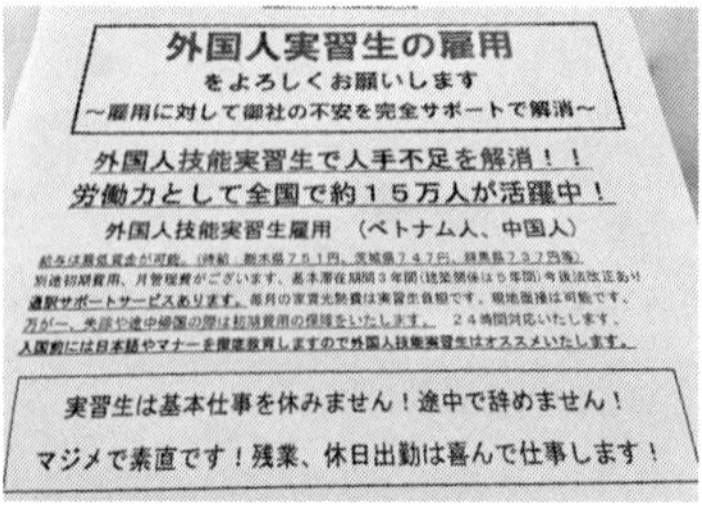

問題になった外国人実習生の雇用広告

012年からの5年間で3・5倍に急増、すでに1万人以上が失踪《しっそう》している。

これについては国外からも問題視されており、アメリカ政府が2014年に出した「人身売買報告書」では、「日本政府は実務・政策のいずれを通じても、外国人技能実習生制度の〈強制労働〉を終わらせることはなかった」と、その批判は痛烈だ。

国際的な定義では、彼らはれっきとした移民労働者だが、日本は表向き「移民労働者は受け入れない」立場を取っている上、国民の移民への拒否反応も大きいために、「外国人実習生は移民ではない」と言い張ってきた。

日本にいる外国人労働者の数は、過去5年で2倍に増え、2018年3月の時点で過去最大の128万人を記録、今では日本の全労働者の2%を占めるようになった。うち専門・技術分野などの高度人材を除き、大半は製造業やサービス業など単純労働分野で働く技能実習生と留学生等が占めている。

留学生はその多くが週28時間という上限を超えて複数のバイトをハシゴするが、人件費を安くしたい企業側が黙っているので、警察がなかなか手を出せない状態だという。

日本で働く留学ビザを得るためだけに、日本語学校に入学するケースも急増中だ。

だが留学生も実習生も本来勉強や技術を学ぶために日本に来ているために、法律上は様々な制約がある。「期間限定で手数料の高い実習生より、専門的経験を持つ人手が欲しい」と農家から不満が漏れた時、国家戦略特区諮問会議の竹中平蔵氏は、すかさず手を差し伸べたのだった。

竹中氏の主導で、まずは京都府、愛知県、新潟市の3特区にて、今度は「農業分野」での、外国人労働者解禁が決定する。

1年以上実務経験があるアジアの専門人材を、農業生産法人に斡旋する業務を受注したのは、もちろんパソナグループだ。ちなみに農業部門では、同じく国家戦略特区諮問会議メンバーの新浪剛史社長（当時）が経営するローソンが、こちらも滑らかな早業で特区内に23カ所ほど自社の農業生産法人「ローソンファーム」を開設している。

だがこう外国人の数が増えてくると、さすがの日本国民も「おかしいな」と思い始める。

ヨーロッパやアメリカで、移民受け入れが自国民の失業や治安悪化など深刻な問題に発展している海外ニュースも増える中、ふとした時にこんな疑問を持つ日本国民も出てくるだろう。

「何だかどこへ行っても、働いてるのは外国人だな。ひょっとして日本も、いよいよ移民を受け入れ出したのか？」

そこで政府は考えた。

そうだ、先手を打って移民の定義自体を、自分たちで上書きしてしまえばいい。

2016年4月26日。介護・農業・旅館などへの外国人労働者受け入れを決めた時、自民党労働力特命委員会は、わざわざ原案に「移民とは、入国した時から永住を許可された人」と書き加えておいた。

2015年のOECD外国人移住者ランキングで世界第4位に輝いた日本は、どこから見ても「移民大国」だ。

だが国際的な定義はどうあれ、今の日本では、政府が移民じゃないといえば、彼らは移民じゃないのであった。

それから2年後の2018年6月15日に出した「骨太の方針」にも、「もちろん移民政策ではないが」という一文がしっかりと入れてあった。衆議院本会議での総理のセリフも同様だ。

「安倍政権としては、移民政策をとるつもりはありません」

だが、政府はごまかし言葉を選別するのに忙しく、一番肝心なことを忘れている。

人手不足の穴埋め目的で語学のハードルを大幅に下げる政府や、長時間安く使える「商品」として外国人労働者たちを扱う企業。そうやって大量に入れた移民は、この先農業や漁業、建設、介護など、社会の基本インフラや生命に関わる業界に入り込んでゆく。

欧州の移民の大半が、仕事が続かず生活保護に流れてゆく大きな理由は、言葉の壁と最安値でこき使われる仕事内容の劣悪さだ。ノルウェーでは失業保険や生活保護など社会保障の半数を移民が占め、スウェーデンでは移民のせいで爆発的に増えた社会保障費を埋めるために、自国民の年金受給年齢を引き上げざるをえなくなっている。

移民受け入れは「コスト」という経済的要素だけでなく、安全保障にも影響する政策だ。

例えば日本に滞在する外国人で最も多い中国人を見てみよう。2017年6月時点で日本に住む中国人の数は、日本国籍取得者を含めて過去最多の92万人を突破、外国人労働者の3割を占めている。

彼らは2010年7月に中国で導入された「国防動員法」によって、有事の際には中国政府の指揮下に動員されることが義務づけられている（拒否すれば処罰される）。こうした事実は一部の保守系論者から懸念の声があがるだけで、政府の移民政策の議論の中にはなぜか出てこない。

ドイツ家族省の最新調査では、移民の流入時期と犯罪率の増加に因果関係があることが明らかにされた。社会保障費は1年で73％増加し、2017年の総選挙では、反移民政党が第三党に躍進している。

過酷な労働環境から次々に逃げ出す外国人実習生の問題も解決しないまま、安い労働力という「商品」として安易に大量輸入した移民たちは、四半期利益のために使い捨てる「モノ」ではない。私たちと同じように歳をとり、家族を育て、70〜80年かけて老いてゆく「人間」なのだ。

その視点がないままの移民50万人計画は、一体誰のためのものだろう?

そしてまた、日本社会が彼らなしでは成り立たなくなってから、未曽有の大規模災害が起きたらどうなるか。

東日本大震災の直後に大量の外国人が帰国したように、彼らは本当に危険だと思えば、自分と家族の安全のために躊躇《ちゆうちよ》なく日本を去ってゆく。

2018年7月に豪雨災害に見舞われた地域の一つである岡山県倉敷市真備町《まびちよう》では、県外から土木業界のプロたちがボランティアとして行政よりも早く現地入りし、土砂まみれの現場から重機を使って瓦礫《がれき》を撤去、救援部隊が被災地に入るための道を切り開いた。

土木の現場を誰よりも熟知している彼らの動きは無駄がなく、懸命に働く姿はただただ眩しかったと、現場で彼らを見た野党議員の一人は語る。

東日本大震災以降も、全国で地震や台風、豪雨などが繰り返し起きる今の日本にとって、建設はこれから防災を大きく左右する業界だ。

必要なのは、長時間安く働かせる使い捨ての外国人労働者だろうか?

それとも国が責任をもって、災害大国の我が国で緊急時に頼れる技術がしっかりと伝承されるよう、自国の若者が長く勤務でき、その技術がちゃんと受け継がれてゆくような労働環境を整備することの方だろうか？

移民は今や国境を越えて売り買いされる商品だ。だが副作用を含め長いスパンで考えなければ、国家は危機にさらされる。「真の共存とは何か」が、世界中で問われているのだ。

3　ブラック企業対策が売られる

ブラック企業を取り締まる、労基署を民営化せよ

月4日休ませれば24時間24日間連続で働かせても合法の「高度プロフェッショナル制度」に、日本人より給与が安く長時間労働の「移民受け入れ50万人計画」が実現し、長年の希望が叶った経済界は上機嫌だ。

だがその一方で、今後明らかに今より過酷な労働環境に置かれる労働者たちの心身は、一体どうやって守られるのだろう？

この法案の旗振り役だった元武田薬品代表取締役の長谷川閑史氏は、２０１４年5月の朝日新聞インタビューで、「ブラック企業に悪用され、長時間労働を招くのでは？」との問いに対

し、こんな風に答えている。

「そうならないよう、〈労働基準監督署〉がしっかり見ないといけません」

労働者の命を守るために、労働環境を厳しくチェックし、劣悪な条件で働かせている疑いがある企業の責任者は強制捜査権を使ってしょっぴくことができる公的機関。

「逮捕権」という警察と同レベルの強大な権力を持つ労働基準監督署（労基署）は、企業側にとっては最も嫌な存在だ。

邪魔な公的機関を排除する、いつもの手法が使われた。

２０１８年７月１日。

政府は労基署の一部民営化を開始する。

会社が労働者をブラックな環境でこき使っていないかどうかのチェック機能を、民間に委託するのだ。

通常お上が調べに来るとわかるとブラックな会社はその事実を隠そうとするので、抜き打ち検査でなければ意味がない。そのため労働基準監督官には、許可なく立ち入り尋問し、この資料を今すぐ見せろと要求できる、まるで金融庁捜査のような巨大な権限が与えられている。

徹底した捜査の結果、従業員に違法なブラック労働をさせていた企業が摘発されれば、声をあげられずにいた労働者の命が救われるのだ。

雇用する側の企業を優遇する規制緩和が繰り返され、低賃金と長時間労働が年々増えている今の日本では、労基署はまさに労働者にとっての命づなに等しく、公的システムの中でも、極めて重要なものの一つだろう。

だが実はこの命づなが危機に瀕していることを、国民は知っているだろうか？

現在全国に勤務する労働基準監督官の数は、3241人だ。その半数の約1500人で、5000万の労働者のために、全国400万軒の事業所をチェックする。

どう見てもマンパワーが追いついていない。

「人手不足？　では民営化しましょう」

またこれだ。猫も杓子も民営化。

民営化万能論者たちの規制改革推進会議は、労働基準監督官という公的機能の人員を増やす代わりに「民営化」するよう政府に提案、与党が多数を占めているために、この法案もすぐに国会を通過した。

全国には、まだまだ労働基準法自体をよくわかっていない経営者もたくさんいる。それを監督する仕事の補助なら、その方面に詳しくて人数も余っている社会保険労務士（社労士）が適任だろう。忙しい労働基準監督官の仕事を手分けして効率よくやれば、劣悪なブラック労働を予防する力にもなるに違いないというわけだ。

だが、本当に大丈夫だろうか？

そもそも過労死や長時間労働の蔓延《まんえん》があまりにひどいため、ＩＬＯ（国際労働機関）から繰り返し改善要求を出され、さらにＩＭＦ（国際通貨基金）にまで「過労死」を問題視されるなど、日本の労働環境は世界中から猛烈に批判されている。

もはや国際用語になった「ＫＡＲＯＳＨＩ《カロウシ》」を防止するために、最も重要な公的チェック機能である労基署の人員を政府がどんどん減らしていること自体が、そもそも大問題なのだ。

モンスター社員をうつ病にしてやめさせる方法

厚労省の労基署は、現場でブラック環境をチェックする労働基準監督官以外に、安全面を担当する厚生労働技官、労災担当事務官の３役で構成されている。

だが２００８年10月。麻生政権は、労働技官と労災担当事務官の新規採用を廃止した。

その結果、安全部門と労災部門の人員が急激に減り、それらの部署に労基署から人を回さねばならなくなったために、肝心の労働基準監督官がブラック企業をチェックする外回りに出られなくなってしまったのだ。

困り果てた現場では、仕方なく労働者が労働基準法違反について相談する「労働条件相談窓口」や「夜間の相談ホットライン」など、業務の一部をアウトソーシングし始めた。

外部から雇われた民間企業の元人事部ＯＢや社労士などが相談を受け、悪質なものは労基署に回すというやり方だ。

だが、ここには大きな問題がある。

企業の「顧問」である社労士に、企業を「捜査する」業務をやらせるリスクだ。

以前、愛知県の社労士が書いた「社員をうつ病に罹患させる方法」というブログが炎上したことがある。今の労働基準法では、問題のある社員を正攻法でやめさせるのは難しい。だが、うつ病ということになれば、本人の自己都合による退職という形でスムーズに処理できるのだ。

企業側の利益を守る社労士とはいえ、パワハラまがいのひどい内容に批判が殺到した。労使交渉を妨害して、警察に書類送検された社労士もいる。

だが複数の社労士に聞いたところ、こうしたケースは全てではないが氷山の一角だという。

どちらも労働者側からすると信じられないやり方だが、会社のリスクを最小にするために経営者に雇われた社労士は、基本的には雇用主を守る立場なのだ。

国から業務を受注して労働相談の電話を受けても、普段企業を守る立場の社労士が労働者の相談にのって、どれほど親身になれるだろう？

その企業が悪質かどうかの判断を、日常的に企業目線の判断をする社労士が下すことで、本当は深刻な状況でも、労基署まで伝わらない可能性も大いにありうる。

民間にアウトソーシングする際、前述したような悪質な社労士かどうかをチェックするのは難しい。相談業務を引き受けた民間の社労士と労働者との電話内容を全てスクリーニングしてチェックするのも不可能だろう。だが、本当にギリギリの状況に置かれた労働者にとっては、このホットラインの判断が、生死を決めるのだ。

そもそも労働基準監督官が足りないからと逆側の立場にいる社労士で穴埋めしようとする政府に、本当に過労死を防止する気があるのかどうか自体、疑わしい。

労基署が人手不足なのに対し、社労士は今飽和状態で顧問契約の争奪戦になっている。だからといって単純に労働監督に関して素人である社労士にアウトソーシングすることは、過労死チェックの質を下げることになり本末転倒ではないか。

厚労省や労働行政で働く人々の労働組合「全労働」は、権限のない社労士が労働基準監督官の代わりを下請けでやるのは非現実的だという。

労基署が相手でも企業は情報開示を嫌がるもの、そこにいつも自分たちが雇う立場の社労士がいきなりやってきて、「おたくの会社の労働基準法違反の調査に来ました、さあご協力を」と言ったらどうなるか？　そもそも公的な権限もない相手に、社内情報など見せないだろう。

後日社労士の報告を受けた労基署が改めてやって来る頃には重要書類は隠蔽されている可能性が高く、それでは抜き打ちの意味がなくなってしまう。死亡事故などの場合、すぐに書類送検や安全対応を行う必要があるが、捜査権や逮捕権のない社労士ではそれも不可能だ。

そして対応が遅れれば、労働者の心身は危険にさらされる。

経営者側の人間が作る「なんちゃってブラック企業対策」

法律とは、それを作る側が社会のどの層の側に立つかによって大きく変わる。

規制改革推進会議のメンバーは全員大企業の役員で、労働者側の人間は1人もいない。

長時間労働をさせている企業を見つけ、摘発し、ブラック企業から労働者を守るというインセンティブを、この面々からなる会議に期待するのは非現実的だろう。

経営者に雇われる社労士は、いってみれば彼ら側の人間だ。その社労士に企業の不正を取り締まる役をアウトソーシングすることは、規制改革会議のメンバーには合理的判断でも、本来の目的を考えれば本末転倒になる。

だが彼らの「民営化万能論」は、時を経るごとに加速してゆく。

こうなったら各都道府県は、全国の事業所チェックを労基署ではなく民間社労士や法人に全面アウトソーシングするべきだ。企業の労使協定を調べ、企業側の同意を条件に、「正しい労働者の働かせ方」を社労士が企業に指導する。その上で悪質な企業だけは労基署がチェックすればいいではないか。

この部会のリーダーである、八代尚宏氏はこう言った。

「駐車違反取り締まりも刑務所も、今は何でも民営化、労基署だってやれるだろう」

八代氏の提案は、労働者から申告があったものを調査する「申告調査」は今まで通り労基署がやり、毎年必ず行われる「定期調査」の方を社労士にアウトソーシングするという公民分業のやり方だ。2つある業務のうちどちらか片方を下請けに出せば、プロの労基署はより深刻な「申告調査」に専念できるだろうという理由だった。

だが残念ながらこの発言は、効率しか見ず、労基署の本来の目的を無視した机上の空論だ。

2つの調査を手分けするというが、どちらも労働者の命を守るために抜け穴を作ってはならない重要な調査であり、責任が取れない民間アウトソーシングではなく、逮捕権を持った行政の公的機関がやれるよう国が整備するべき分野だからだ。

だが八代氏の目指すものは、公的機関の立て直しとは真逆のところにあった。

企業が社労士に協力しないなら、「民間社労士に、公務員である労基署と同じ権限を与えればいい」とまで言い出している。

国民の命を守るための公的業務の人手不足を無視し民間企業の下請けに出した挙句、公的な権限なしではできない重要部分は、法律をいじってしまえなどというのは、驚くべき暴論だ。

国民に奉仕する立場の「公務員」と「民間人」とでは、そもそも仕事の目的が180度違う。

日本が批准しているILO条約の国際労働基準勧告にも「労基署は国の直営でなければならない」とはっきり書いてあることを知らないのだろうか？

〈労働基準法は、中央、地方の監督機関を国（厚労大臣）の直轄機関とすることで監督業務の実効性を確保する〉

労基署の機能を民営化する手法そのものが、国際法違反なのだ。

前述した定期調査の実施率は、現時点でもわずか3％しかされていない。

公的機関の人員を、大至急増やすことが先決だろう。

高プロと移民50万人計画だけが先に導入され、過労死チェックが追いつかないまま、一部の人々の民営化万能論によって、日本人と外国人、両労働者の安全が危機にさらされている。

4　ギャンブルが売られる

カジノで経済活性化を！

2018年7月20日。

221人の死者と9名の行方不明者を出した平成30年7月豪雨災害の被災者がまだ避難所で苦しんでいる中、「災害対策を優先しろ」という野党の声もむなしく、「日本にカジノを中心とした統合型リゾートを設立することを可能にするＩＲ実施法」（いわゆる「カジノ法」）が参議院本会議で成立した。

政府は当初からカジノ法導入の目的を、国内外から投資を呼び込み、多くの外国人客の利用で日本の財政を改善させ、国民生活を向上させると説明してきた。

見込まれる収入は年間1兆５０００億円で7兆円を超える経済効果。マカオやシンガポールなどの成功例を挙げながら、安倍総理はカジノ解禁を重要な成長戦略の一つとして掲げている。

だが、本当だろうか？

まずは、その経済効果だ。

推進派が根拠として掲げるマカオを見ると、最盛期には４５０億ドル（5兆円弱）の収入を記録しているが、その後習近平による「汚職撲滅キャンペーン」によって客の大半を占める中国人富裕層が激減し、10分の1以下に落ち込んでいる。シンガポールも同様だ。

政府は単純に訪日観光客数で試算しているが、誘致する側の自治体によると、実は客の大半は外国人ではなく日本人になると予測されている。大阪府が出した試算では、来訪予測人数6５００万人のうち、なんと8割は国内からの客だという。

つまり日本にできるカジノの経済効果とは、日本人客が負けた分のギャンブル資金なのだ。

「カジノを作れば、外国人がたくさん遊びに来て経済が活性化します」などと政府が国内向けに主張する裏で、ウォール街の投資家は鵜《う》の目鷹《たか》の目で算盤を弾いていた。

巨額の資金が動くカジノ設立は、投資銀行にとって巨大なドル箱なのだ。

2013年8月にアメリカ大手投資銀行シティグループが投資家向けに、日本の3大都市（東京、大阪、沖縄）にカジノができる前提で出したシミュレーションと市場規模予測レポートを見ると、政府の美辞麗句の裏にある、もう一つのカジノ計画が見えてくる。

ターゲットは日本人

シティグループのシミュレーションでは、カジノ全体の年間収入は150億ドル（約1・5兆円）。安倍総理の言う通り、もし日本に遊びに来た外国人客がこれだけの外貨を落としてくれたら、かなりの税収になるだろう。

だがその内訳をみると、外国人客2割、残り8割は全て日本人客になっている。シティグループは日本でパチンコ客が1年間に失う平均金額23万円を根拠に、この数字を出しているのだ。

パチンコ天国のここ日本で、パチンコ客の負け分を元に、カジノ収入の皮算用をするアメリカの投資銀行。それはつまり、今までパチンコ運営業者に流れていた日本人客の負け分を、今度はカジノを通して外資が頂くという計画に他ならない。

どちらにしても、吸い上げられるのは、私たち日本人の富なのだ。

ギャンブル資金はカジノが貸します（ただし高利で）

日本人がターゲットとなると、依存症の問題が出てくる。

全国各地に公営ギャンブルがあり320万人の依存症患者を抱える日本は、すでにギャンブル大国だ。依存症は本人だけでなく、家族も巻き込み、不幸の連鎖を作り出す。

アメリカではこうした負の側面が問題視され、90年代末以降は、カジノ設立の際に〈経済効果〉だけでなく、それがもたらす〈社会的コスト〉も議会の承認基準に加えられた。

カジノ設立後に依存症人口が拡大し、自殺者の増加や治安悪化につながった韓国でも、この問題は重く受け止められている。

大統領の汚職事件をきっかけとして、2006年に国内のパチンコ店を全廃させた韓国政府が依存症対策につける予算は、年間22億円だ。

一方日本は、薬物・アルコール・ギャンブルという3つの依存症対策予算の合計が1942万円（2018年度）と、韓国の100分の1しかない。カジノの依存症対策どころか、22兆円市場のパチンコ換金にメスを入れることさえできないでいる。

政府は「世界一厳しい規制をかける」と豪語するが、その内容は、〈入場回数を週3回、年間120回までに制限する〉〈入場料を徴収する〉〈相談窓口を設置する〉など、世界一厳しいとはとても言えない対策ばかりだ。

〈6000円の入場料は安くありません。いくらギャンブル依存症でも、手持ちの資金が尽きれば、そこでストップしますよ〉

依存症対策を熱心に語るその言葉とは裏腹に、政府はそれとは真逆のある条文を、法案にこっそり盛り込んでいた。

〈カジノ業者に、客にギャンブル資金の貸し付け許可を与える〉

客が日本人でも、所定の口座に一定額を入金すれば、いくらでもカジノから借金できる。最初の2カ月は無利子だが、それ以降は延滞金がつき、利子が14・6%に跳ね上がるという消費者金融並みの恐ろしい仕組みだ。

さらに政府はこの貸付け業務についてだけは〈年収の3分の1以上貸付けてはいけない〉という「貸金業法」が適用されないようにしておいた。

つまり客はカジノ業者から、ギャンブル資金を無制限に借りられることになる。

依存症対策どころか、立派な依存症製造法だろう。

〈自分はパチンコもカジノもやらないから関係ない、ギャンブルで人生を棒に振る人は自己責任でしょう〉

〈それより巨大リゾートができるのが楽しみです〉

テレビが紹介する町の人々の声に、危機感はない。

だが国内にギャンブル場が増え、依存症人口が増えるとどうなるか?

その地域は治安が悪くなり、犯罪率も上昇する。

本人や家族が貧困になれば、生活保護や医療費などの社会保障費がかさみ、そのしわ寄せは税金として普通に働いている、ギャンブルをしない人々の肩にのしかかってくる。

彼らがギャンブルで業者に吸い上げられた負け分は、そうでなければ消費に回り、日本経済を活性化させ、税収となって社会の他の場所にいくはずだったものなのだ。

カジノ設立で笑いが止まらない人々

客が外国人だろうが日本人だろうが、カジノ設立で笑いが止まらないのは、運営業務を引き受ける、外資を中心とした大手エンターテインメント業界の面々とウォール街の投資家たちだ。

2018年6月1日。内閣委員会で共産党の塩川鉄也衆議院議員の質問に答えた安倍総理は、2月の訪米の際、米国商工会議所の朝食会で「カジノ推進法」成立がアメリカ側に歓迎され、彼らが日本進出の意欲を口にしたことを明かしている。

2018年2月10日のワシントン。

トランプ大統領と初めての日米首脳会談前に、安倍総理が出席した米国商工会議所主催の朝食会には、14人の男たちが席についていた。

防衛産業やウォール街の面々に交じってそこにいたのは、アメリカを代表するカジノ企業のトップ3人だ。アメリカ最大手ラスベガス・サンズ社CEOで、大統領選で4000万ドル(約40億円)献金したトランプ大統領の大スポンサーであるシェルドン・アデルソン氏もいた。

アデルソン氏と日本版カジノの関係は、その4年ほど前の2013年にさかのぼる。

11月に来日したアデルソン氏は、日本でのパチンコ換金合法化とカジノ設立を目指す「IR議連(国際観光産業振興議員連盟／通称カジノ議連)」会長の自民党細田博之幹事長代行と面談し、東京・お台場エリアに作るカジノを含む総合リゾート施設構想を、模型やスライドを使って熱心にプレゼンした。

IR議連の議員たちは待ってましたとばかりに動き出し、翌月、自民党、日本維新の会、生活の党の3党と無所属議員が「IR推進法案」を共同提出する。

その後、この法案は衆議院選挙で廃案になり、一部修正を加えた再提出など複数のステップを経たのちに、2017年12月に成立したのだった。

この時の審議はわずか6時間、内閣委員会では質疑の時間が余ったからと、自民党の谷川弥一衆議院議員が「般若心経《はんにゃしんぎょう》」を唱えた挙句に自分の好きな文学の話をべらべら喋るなど、もはや立法府とは何をする場所だったか思い出せなくなるほどの〈カオスな世界〉であった。

こうして成立した「カジノ推進法」は、安倍政権の手柄に他ならず、ワシントンの朝食会で総理がそのことを雄弁に語ると、大いに満足した出席者たちは口々に、日本でカジノを建設する際はあらゆる障害を取り除くための協力を惜しまないことを約束した。

この場合の障害とはすなわち、彼らの利益を阻むものを指している。

カジノは広ければ広いほどいい

例えばカジノに必要な広い敷地も、その一つだ。

2017年9月。カジノ王アデルソン氏は来日し、カジノ誘致を目指す大阪府庁で府知事と市長の両方に向かって、投資額100億ドル（約1兆円）をチラつかせながら「面積制限を導入しないように」要求した。

大阪のカジノ候補地は、橋下徹前知事が2009年から言及していた70万平方メートルの人工島「夢洲《ゆめしま》」だったが、政府提案のカジノ面積上限1万5000平方メートルぽっちでは、投資しても採算が取れないのだ。

面積制限は、カジノがもたらす社会的コストと深い関係があり、例えばシンガポールでは、自国民への悪影響を抑える政策の一つとして、カジノスペースをリゾート全体の3％に抑えている。

だが日本政府はアデルソン氏の要求を快諾、翌年2月に始まった与野党協議の場で、せっかく依存症対策で入れていた「面積制限」をやっぱりやめると告げ、あっさり法案から削除してしまった。

これで日本では、リゾート全体の敷地を広げれば広げただけ、カジノ面積も無限に大きくできることになった。

2028年まで廃棄物処理場として使う予定だった大阪の「夢洲」には、もう一つ大きな問題があった。ゴミ捨て場として使っていたため、船以外でのアクセス方法がトンネルと橋の一本ずつしかないのだ。何千億円もかかる交通インフラの整備費をどこから出せばいいのか。頭を抱えた大阪府知事に、ウルトラCのアイデアがひらめいた。

2025年に開催予定で、今年11月に国際事務局総会で決定される国際博覧会（万博）だ。大阪府が開催地として手を挙げている「万博」と「カジノ」をセットにすれば、資金の問題は解決するではないか。

万博ついでにカジノを建設

2018年7月。共産党の辰巳孝太郎議員は、奇妙なことに気がついた。

「万博オフィシャルパートナー」188社の中に、カジノ王アデルソン氏がCEOを務めるラスベガス・サンズ社を始め、大手カジノホテルチェーン、シーザーズ・エンターテインメント社など、米国カジノ関連企業5社の名前を見つけたのだ。この段階ではカジノ法案はまだ成立しておらず、開設地すら決まっていない。

〈大阪府は、カジノ用地の埋め立てや橋や鉄道の整備を、万博用の公費770億円で肩代わりさせる構図に違いない〉

そう睨《にら》んだ辰巳議員は内閣委員会で、そもそも「いのち輝く」という万博のテーマが「カジノ」と矛盾する、と批判する。だが、カジノ構想発案者の「大阪エンターテイメント都市構想研究会」（大林組、鹿島建設、三井不動産など民間企業15社）を始めとする関係者の頭上には、すでに「いのち」より眩《まぶ》しい「利権」が輝いていた。

内閣委員会で辰巳議員に「カジノありきの万博を国が支援すべきではない」と批判された石井啓一国交大臣は「カジノと万博は無関係です！」という苦しい反論を繰り返すばかりだった。

「面積制限の撤廃」「金貸し許可」はアメリカからの要求

面積問題の他にも、カジノ王の所属する米国商工会議所は「金融サービス（カジノ業者の金貸し許可だ）を入れるべし」「24時間無休にすべし」「客が一日に使うギャンブル額の上限はなくすべし」「規制監督はカジノ専門家（自分たち）を入れた管理委員会にさせるべし」などなど、自分たちに都合のいい、「意見書」という名の要求リストを図々しく出してきたが、日本政府がどんどん聞き入れてくれるので、アメリカのカジノ業者たちは大喜びだ。

〈大スポンサーのアデルソン氏を喜ばせたことで、きっとトランプ大統領も満足してくれるだろう。そんな思惑があったんじゃないか？〉と国会で疑われた安倍総理は、「違う、自分たちで考えた政策だ」などと反論したが、この間凄まじい勢いで日本の資産に値札をつけ次々に売り出しているその姿勢を見る限りでは、結局これまでの日米上下関係と、何も変わっていないのだった。

大阪がマネーロンダリング天国になる!?

カジノが持つ、もう一つの危険、マネーロンダリングも忘れてはならない。

アメリカではカジノ王アデルソン氏がカジノを経営するラスベガスではなく、当局の目に触れないよう目立たないカナダのバンクーバーなどで、麻薬取引などの犯罪で得た表に出せない金のやりとりがされている。

ラスベガスは、その手の犯罪に特に厳しいからだ。

中国人にとっては、マカオやシンガポールがその温床だったといわれているが、習近平の汚職撲滅キャンペーン以降、客が激減した。カジノの売り上げの8割以上を占めていた超富裕層のＶＩＰ客は、裏金を何とかするための次なる安全な場所を求めている。

できるだけ規制がなく、当局のチェックが厳しくなく、外国人が簡単に出入りできる国、自国と租税条約を結んでいる国ならなおさら好都合だ。

そう、例えば今の日本のような。

関西空港があって中国からのアクセスが良い上に、大規模な証券取引所がある大阪は、新たなマネーロンダリングの場所を求める人々にとっては、うってつけの場所だろう。

世界の地下水脈を循環するブラックマネーの通過地点になるリスクを、外国人の入国や国内での動向チェックがどんどん甘くなる日本政府は、これからどうやって防ぐのか？

IRリゾート（カジノ）誕生

2018年4月27日に大阪で開かれたIRエキスポでは、前述したラスベガス・サンズ社やシーザーズ・エンターテインメント社を始め、MGMリゾーツ・インターナショナル社、シンガポールのゲンティン社やマカオの銀河娯楽集団など、世界のトップカジノ大手6社が参加し、熱い意欲を見せた。

パチンコ業界大手のセガサミーや、マカオに子会社を設立済みのダイナムなども、今後カジノ運営に関わってくるとされている。

ゲームライセンスとスロットマシン製造分野で世界に進出しているコナミも戦闘準備はバッ

チリだ。同社はすでにアメリカ国内のスロットマシンの1割を供給し、数百種のゲームライセンス料で米、豪、南アフリカ、シンガポールなどを舞台に、莫大な利益を上げている。

もちろんカジノ誘致の際のIRリゾート建設でたっぷり稼げる建設業界も、ワクワクしていることだろう。大和総研の試算では、シンガポールと同様のカジノを日本国内に新設すると、1カ所につき、1〜2兆円の建設費になるという。

推進派の中からは「パチンコを容認しながらカジノはダメという反対派はおかしい」などという奇妙な反論もあがったが、パチンコ議連とIR議連の所属議員が重なっている現実を見れば、「巨大利権」と「それを支える者たち」という構図こそが、この問題の本質であることに気づくだろう。

ここまでしても「カジノ誘致」を、経済を活性化させ日本人の生活を向上させる「成長産業」だと胸を張って言い続ける政府の言葉を、果たして私たちは信じられるだろうか？

5　学校が売られる

公立学校を民営にせよ

「公教育」もまた、グローバル企業とウォール街にとって素晴らしい「投資商品」の一つだ。

2013年4月のワシントンでの講演の際、麻生副総理（当時）は水道だけでなく「学校の公設民営化」についても発言しており、〈あらゆる公共サービスを民営にせよ〉という日本政府の政策は、今や水道だけでなく公教育もターゲットにしている。

2016年6月28日。

大阪市教育委員会は2019年4月に、民間学校法人である大阪YMCAに公立学校の運営を委託する「公設民営学校」を南港ポートタウンに開設することを決定した。

日本の「学校教育法」では、公立学校は自治体が運営し、そこでの教育は公務員が行うことになっているが、国家戦略特区内で設置された公設民営学校は前述した〈水道〉と同じで、自治体が所有し民間が運営する。大阪府の非正規雇用率は現在中学校だけで41・3％だが、今後国家戦略特区法を使って設立した公設民営学校で働く教職員と事務員は100％非正規労働者になる。

公務員ではないので憲法第99条の「憲法尊重擁護義務」も適用されない。

学校の民営化は小泉政権下ですでに提案されていたが、当時の文部科学大臣が難色を示し、委託契約も公費からの助成も認めなかったため、その時は実現しなかった。

そこでアメリカの要望に応えるべく登場したのが、安倍総理の「国家戦略特区構想」だ。

もうすっかりおなじみになった同会議の花形メンバーで、「世界一ビジネスをしやすい環境作り」をきめ細かく主導する竹中平蔵氏は、ストレートな表現でこう提案した。

「これまで公的に運営されてきた公共インフラで利用料金がかかるものは、もう全て民営化してしまいましょう」

竹中氏によると、この提案は、当時の猪瀬直樹東京都知事や大阪の橋下徹市長、愛知県の大村秀章知事たちと協議を重ねて練り上げたもので、中でも橋下市長は大変な喜びようだったという。

水道、地下鉄と並んで民営化リストの中に入っていたのが、〈公立学校〉だった。

大阪の公設民営学校は、国際社会でリーダーシップを発揮して活躍するための英語教育に力を入れ、海外の大学への入学資格「バカロレア認定コース」を日本で初めて導入したグローバルな学校を目指してゆく。もっともっと外資を呼び込むためには、彼らの子供のための教育を充実させなければならない。学費が高いインターナショナルスクールよりも税金で建てる公設民営学校にすれば、費用を抑えられ、より多くの外国人を引きつけられるというわけだ。

民間が運営することで、公立学校も事業と同じように効率化されてゆくだろう。

この政策の生みの親である「貧困大国アメリカ」で、公設民営学校が導入された時と全く同じパターンで、ついに日本にもその扉が開いたのだった。

本家本元アメリカで教育が「商品」になるステップ

年次改革要望書を出した張本人のアメリカが、学校の民営化に着手し始めたのは、80年代のレーガン政権下だった。

「チャータースクール」と呼ばれる公設民営学校を政府が推進し、「選択肢を広げる」「グローバルな人材を育てる」などの美辞麗句を旗印にマスコミが宣伝、あっという間に全米に広がってゆく。

だが成績が良くないと公金が下りなくなり廃校になるため、運営側の企業は教員に厳しいノルマをつける。その結果、学力テスト（国語・数学）の結果だけで成果が測られ、テストに関係ない音楽や絵画、体育や課外授業を廃止する学校がどんどん増えていった。

教員たちはただでさえ忙しい中、テストの平均点を上げるために長時間働かざるをえなくなる。ノルマ達成のためにやむを得ず、成績の悪い生徒が平均点を下げないよう、わざとテスト当日に休ませたり、カンニングを主導するなどの不正が横行するようになってゆく。

貧困地区の子供たちへの面倒見の良さで人気があった西海岸に住む黒人教師が、生徒たちのテストの成績が悪かったことで学校側にネットで実名を公開され、苦痛のあまり自殺した事件もあった。

テストに関して特別な支援を必要とする障害児が、チャータースクール運営企業によって入学拒否される事例も後を絶たず、地元の子供なら誰でも入れる公立学校という存在は、今や過去のものになりつつある。

ビジネス論理が学校を、全ての子供たちに教育のチャンスを与えるという、本来の「公教育」の精神から遠ざけているのだ。

教員は全て非正規のため、担当する生徒の成績を上げられなければ、運営側の企業によって、すぐに減給や解雇をされてしまう。この間、廃校にされた公立学校は4000校以上、約30万人の教員が職を失った。

各州に教育現場の「効率化」を競わせ、公設民営学校を増やすという政府の公設民営学校推進政策は、オバマ政権からトランプ政権に受け継がれ、さらに今加速している。

排除されたニューオーリンズの教育難民

〈学校の民営化〉実験モデルで最も有名なのは、2005年にハリケーン・カトリーナの被害にあったニューオーリンズの学校だろう。

新自由主義政策を信奉する当時の州知事は、災害でほとんど壊滅状態になった公立学校を、これ幸いとばかりにほとんど全て「成績不振校」に認定し、復興させる代わりにまとめて廃校にした。

その際4000人ほどいた公立学校の教員は解雇され、それまで力を持っていた教職員組合は、災害のどさくさで一気に潰されてしまう。

この時使われた学校民営化のビジネスモデルの柱は、以下の5つだ。

①公立学校の再建拒否、②教員の一斉解雇、③教育の中央集権廃止、④教職員組合解体、⑤営利企業による学校運営

これを見るとニューオーリンズの公設民営学校導入の最大の目的は、教員の非正規化と教職員組合解体であることがわかるだろう。

公設民営学校に反対するニューオーリンズの教師たち／出典：Socialistworker.org

この2つは公設民営学校を運営する際、最も邪魔になるからだ。

非正規職員になった教員は雇用が不安定になり、常に運営側から課されるノルマに追われるようになる。公設民営の学校は税金が投入されているため、私立のように資金を調達する苦労がない分、成績で結果を出さないと税金が打ち切られてしまうのだ。

全米で4番目に貧しいニューオーリンズで、廃校になった公立学校の子供たちのうち、その後にできたチャータースクールに入学させてもらえたのは6人に1人、残りの子供たちは、そ

の後もずっと、行き場をなくした教育難民となっている。

チャータースクールは7年で投資額が倍になる人気投資商品

一方ウォール街は、「チャータースクール」という新しい優良投資商品を顧客に売るのに夢中だった。株式会社が経営するチャータースクールは、出資すれば平均7年で投資した分が2倍になって回収できる。成績の悪い学校は売り上げの悪い店舗のように容赦なく閉鎖されるので、回転は素晴らしくスムーズだ。

その度に大量の教員を解雇せねばならないが、非正規社員なので「ピンクスリップ」と呼ばれる解雇レター一通で、事務処理は完了する。

全てがシステマティックで、無駄がない商品なのだ。

国家戦略特区諮問会議は、「公的に運営されているもので、利用料金を取るものについては全て民営化しましょう」と言う。

公立学校の予算が年々減らされる大阪で、60億円かけて建設される公設民営学校は、経済財政諮問会議の竹中平蔵氏のイメージ通り、日本版チャータースクールの代表モデルになるだろう。

「チャータースクールが抱える問題の一つは、政府が学校をチェックできないことなのです」

アメリカで増えてゆくチャータースクールの数（1999〜2014年）

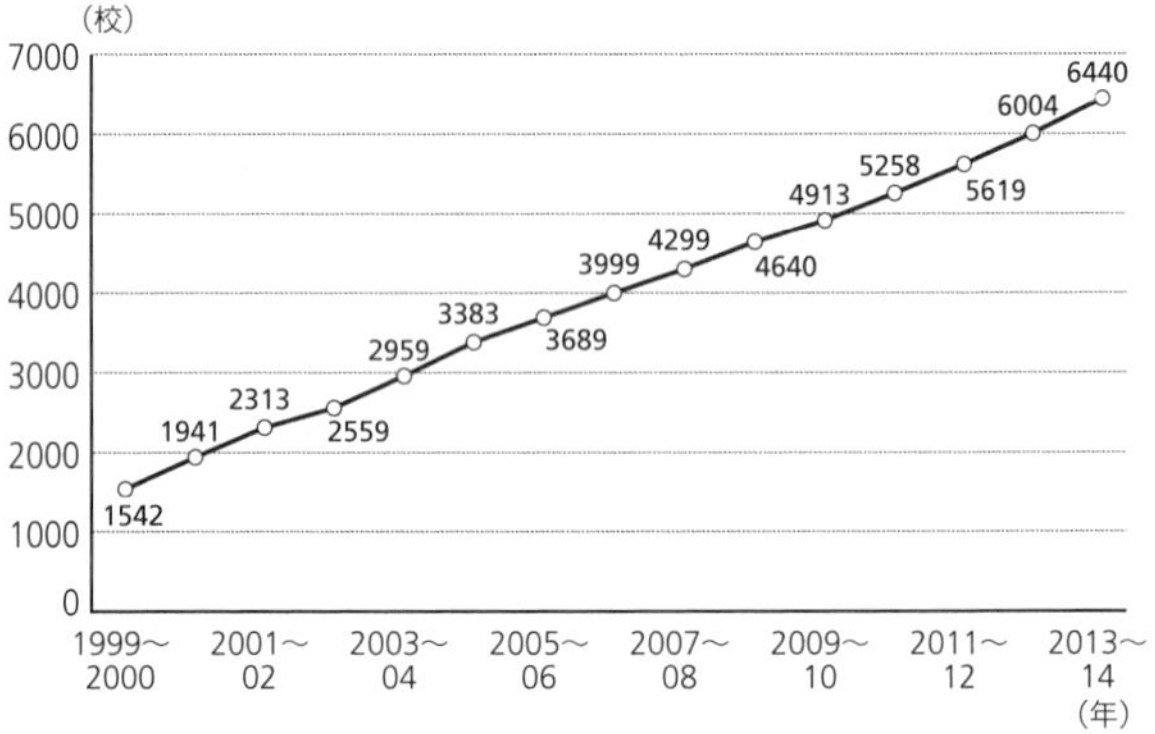

出典：Dashboard, The National Alliance for Public Charter Schools, 2014.

と、シカゴの公立高校教師、ジェイソン・ベーカー氏は言う。

「チャータースクールとセットになって導入されるのがバウチャー制度ですが、このビジネスモデルの根底には、税金を民間に流す仕組みを作る目的があるのです。

　事業のように学校を運営することで、ムダをなくせると言いますが、人件費を下げて教師を減らせば、しわよせは子供たちにいく。そういうことをせずどんな子でも等しく受け入れる環境を作るのが公教育の目的なのです」

　２０１６年７月。国連人権理事会は、「教育の民営化がもたらす弊害から子供たちを守るべき」とする決議をし、公教育が民営化され本来の目的を失い、ビジネスにされてゆく現状に警鐘を鳴らした。

安倍総理が「国家戦略特区」というドリルで次々に穴を開けている、教育、農業、労働、医療という分野が、全てをマネーゲームの道具にしたアメリカからの要望だからこそ、私たちは慎重に、今のアメリカのリアルな現実を検証すべきだろう。

我が国の憲法第89条が、教育を公共のものと定めている理由が見えるだろうか？

「学校の民営化」を通してアメリカが失ったものは、単なる公立校の数や教員、教職員組合だけでなく、公教育が持つ「公共」という目に見えない資産だったのだ。

6　医療が売られる

YOUは何しに日本へ？　国保を食い潰す外国人たち

〈保険証一枚あれば、いつでもどこでも誰でも、その日のうちに質の良い治療が受けられる。医療破産など起きないよう、治療費が一定額以上になれば、全て国が払い戻してくれる〉

日本には、世界中が羨む「国民皆保険制度」がある。

だがグローバル化で昔より国家間の移動が楽になった上、日本政府がじゃんじゃん外国人を入れる中、私たちのこの制度が見えない危機にさらされていることに、どれほどの国民が気づいているだろう?

第一に、医療目的を隠して学生ビザなどで来日し、国民健康保険に加入して半年もたたないうちに高額の治療を受けにくる外国人患者の増大だ。

政府は、外国人が日本の公的保険制度を使う条件をどんどん緩めている。

2012年。民主党政権下で、それまで1年だった国保の加入条件を大幅に緩め、たった3カ月間滞在すれば外国人でも国保に加入できるよう、ルールが改正された。

その結果、留学生や会社経営者として入国すれば国籍に関係なくすぐに保険証がもらえるからと、来日したその日に高額治療を受けに病院に行くケースが増え、深刻な問題を引き起こしている。

C型肝炎薬などは、3カ月1クールで455万円が国保を使えば月額2万円だ。高額すぎて問題になった肺がん治療薬オプジーボなら、1クール1500万円が自己負担額月60万円、残りは私たち日本人の税金で支えてゆくことになる。

治療費を払わず姿を消す患者も後を絶たず、厚労省の調査では、平成27年度に国内医療機関の3割で外国人患者の未払いが起きている。

本当に留学生なのかを見分けることが難しい上に、実体のないペーパーカンパニーでビザを取る斡旋業者が横行しているため、保険証を持参してくる自称会社経営者の場合でも、偽物の摘発は非常に困難だという。

出生証明書さえあればもらえる42万円の出産一時金も在日人口トップの中国人を中心に申請が急増しているが、提出書類が本物かどうかも役所窓口では確認しようがないのだ。最近ようやくマスコミがこの問題を取り上げ始めたが、今のところ政府の対処は全く追いついていない。

安倍政権が２０１８年６月に発表した「移民50万人計画」で、今後留学生でも経営者でもない外国人労働者がどっと入ってくる。彼らの受け入れ先は、農業やメイドサービス、飲食や旅館、介護業界、アニメーターなど、大半が低賃金の単純労働分野だ。

政府はこれらの外国人労働者が入って来やすいように、滞在期間の延長や、家族を呼び寄せること、一定期間滞在すれば永住権まで与えるなど、至れり尽くせりの環境を用意した。

これで日本の人手不足は外国人労働者が、少子化問題は外国人の子供たちが埋めてくれることになるという。多様性が生まれ、経済は活性化し、税収も問題なく上がるだろうと。

だが、本当にそうだろうか？

今は安く使い捨てることができたとしても、猛スピードで進化するＡＩによって、今後単純労働者の需要は否応なしに減ってゆく。

その時、今横行する医療のタダ乗りに加え、大量に失職する低賃金の外国人労働者とその家族を、日本の生活保護と国民皆保険制度が支えなければならなくなる現実は、果たしてシミュレーションされているだろうか？

働き方改革や労基署民営化など、労働者を安く使える法改正と移民50万人計画のセットは、日本人も外国人も関係なく、彼らを安い労働力という名の「商品」にする。

だが移民は、四半期利益のために使い捨てる商品ではない。名前があり家族があり、子供を育て、将来の夢を描き、病気にもなり、社会の中で老いてゆく、私たちと同じ、１００年単位で受け止めなければならない存在だ。

だからこそどんどん入れる前に、彼らをモノではなく人間としてどう受け入れてゆくのかを慎重に議論し、シミュレーションし、環境を整備するのが先だろう。

そうでなければ、自国民と移民とが憎み合い、暴力がエスカレートし、社会の基盤が崩れかけている欧州の二の舞になってしまう。

給料が下がり続ける今の日本で、労働者を社会につなぎとめておく最後の歯止めである国民皆保険制度というインフラは、安易な移民50万人計画を進めることで、雪崩《なだれ》のように崩壊させて良いものでは、決してない。

だいたい私たち日本人は、毎年医療費が高い保険がもたないと政府やマスコミから言われ続けているのに、その真の理由すら知らされていないのだ。

患者負担が上がり続ける本当の理由

政府が毎年騒ぎ立てる「医療費40兆円」の最大の原因は高齢化ではない。
アメリカから毎年法外な値で売りつけられている医療機器と新薬の請求書が、日本人の税金で支払われているからだ。

1980年代に中曽根首相がレーガン大統領と交わした「MOSS協議」。これによって日本政府は、医療機器と医薬品の承認をアメリカに事前相談しなければならなくなった。技術の高さで定評があり、どんどん海外に輸出していた日本の製薬会社や医療機器メーカーはこれによって一気に不利になり、90年代には輸出と輸入が入れ替わってしまう。

それ以来ずっと日本は、アメリカ製の医療機器と新薬を他国の3〜4倍の値段で買わされているのだ。

お買い上げ費用は国民皆保険制度でカバーされるため、国民は薬や機器の仕入れ値がそんなに高いとは夢にも思っていない。

高齢者が医療費増大の犯人のように言われて肩身のせまい思いをする一方で、政府は消費税増税分を社会保障に使うという約束を破り続け、患者の窓口負担だけがぐんぐん上がってゆく。

本当の原因が日米関係、つまり政治問題だということの事実を、国民だけが知らされていないのだ。

その上、日本は人口が世界のわずか1%強なのに、薬の支出量はOECD3位（2018年日医総研データ）という薬消費大国だ。アメリカの医産複合体（製薬企業、医療機器メーカー、医療保険会社）にとって、これ以上の優良顧客はいない。

国民皆保険制度を残したまま日本に売りつける薬価を今より値上げし、ジェネリックが入れないようルールをいじることで巨額の特許料を長期間稼ぐことは、TPP交渉で最も力を持っていた、アメリカ医産複合体の悲願だった。

だがあと一歩というところで忌々《いまいま》しいトランプ大統領がTPPから離脱、おまけにトランプ氏は米国製薬会社に向かって「儲けすぎているから薬価を下げろ」などと言い始める。

医産複合体は激怒したが、そうこうしている間に新薬の特許期間はどんどん期限が切れてゆく。TPP推進の多国籍企業が所有する米国大手マスコミが一斉にトランプバッシングをする中、巨大製薬企業群は即座に別の道を模索し始めた。

トンデモ大統領一人のために、巨大な新薬市場である日本をみすみす逃すつもりはないからだ。

2018年2月16日。米国研究製薬工業協会（PhRMA）は、貿易交渉を担当するアメリカ通商代表部（USTR）に意見書（スペシャル301条報告書）を出し、日本を「優先的に監視すべき国」に指定するよう要請する。

この中で、アメリカの医産複合体から「差別だ！　変えろ！」と要求されたのは、日本の「新薬創出・適応外薬解消等促進加算制度」だ。

「新薬創出・適応外薬解消等促進加算制度」とは、新薬の値段が毎年引き下げられるという日本独特のルールの中で、条件を満たした薬に限り、日本の政府が外国の製薬会社に一定期間差額を払うことで高値を維持する特別な制度だ。

これに対し新薬をずっと高値のまま売り続けたいアメリカ製薬業界は、「条件を外して全新薬を対象にせよ」「一定期間でなく、ずっと差額を出せ」などと要求し続け、「これは日米FTAできっちり落とし前をつける」と予告している。

さらにその後の「外国貿易障壁報告書」でも、日本の公的健康保険や共済について「邪魔だ！」と、ここでもしつこい攻撃だ。とにかく薬を最高値で売りつけたくて仕方ない彼らは、自分たちの要求が通るまで、日本政府に対し圧力の手を緩めない。

今後も医療機器と医薬品のぼったくりが続けば、私たち日本人の医療保険料も窓口負担も、果てしなく上がり続けるだろう。

2018年4月から、国民健康保険の保険料はまた値上がりした。

都内平均の保険料は26％（2016年度比）、ほとんど全ての市区町村で保険料（多摩地区は最大57％という上げ幅だ）が上昇する。

この無限ループから抜け出す方法はあるのだろうか？

ある。

国庫負担が安く窓口負担が高い日本の医療費の根底にあるのは、政治問題だからだ。

政治が動けば、医療は変わる。

一人でも多くの国民が今何が起きているかに気づき、これ以上売らせないと決めるのだ。

注意！ アメリカのゴリ押し条項はまだ生きている

情報格差が命の格差になっているアメリカでは、青天井に上がり続ける医療費も保険料も、そのメカニズムが国民に知られないよう、政府と大手マスコミが国民に出す情報を注意深く選別している。

医産複合体が、軍産複合体をもしのぐ資金力で、アメリカ政治を手中に収めているからだ。

グローバル企業群の夢であるＴＰＰ交渉が始まった時も、交渉の舞台裏で最大の発言権を持っていた医産複合体は、条文のあちこちに薬価を抑制する各国の規制を外す内容を埋め込んでいた。

医薬品の特許を伸ばしたり、ジェネリック薬が市場に入りにくくすることで、高い薬が買えない人々の命は危険にさらされる。

特にジェネリック薬の需要が多い途上国や新興国にとっては死活問題だ。

だが、医産複合体から毎年5000万ドル（約50億円）以上の献金が降り注ぐワシントンにとっては、農業や他部門同様、他国の事情は交渉の手を緩める理由にはならなかった。

新薬の販売利益を損ねるジェネリック薬は邪魔なのだ。

アメリカが抜けた後、ベトナムやマレーシアなどの新興国はすぐに、アメリカがゴリ押ししていた医薬品特許に関する部分を、TPPの条文から削除してほしいと申し出る。

ジェネリック薬に関することだけでなく、バイオ医薬品（生物製剤）のデータ保護期間延長や、形状や使用法を変えて繰り返し新薬登録できる特許法、新薬販売承認に必要なデータを製薬会社に5年間独占させるルールなど、医薬品に関するアメリカの要求は、まさに命より利益、「今だけカネだけ自分だけ」の王道と言える内容だったからだ。

アメリカがゴリ押ししていた理不尽な項目はかなりの数にのぼり、特に今ではすっかりアメリカの主要産業と化した「知的財産権」に関わる項目については、各国の主権を奪いアメリカのグローバル企業が一人勝ちするように作られていた。

ベトナム・マレーシア同様、他の参加国も次々にアメリカの置き土産を削除する要求を出し始める。

アメリカが要求するTPP11の医薬品関連"有害"条項

	名称	内容	扱い
第18章 知的財産権特許関連	審査遅延に基づく特許期間延長	締約国が特許の付与において「不合理な遅延」を起こした場合、その遅延の補償のために特許期間を調整する規定	凍結
	医薬承認調査に基づく特許期間延長	新薬の販売承認までの年数分、「特許期間が侵食」された場合、同年数分の特許期間延長を特許権者に「補償」できる規定	
	一般医薬品データ保護	新規医薬品の販売承認を得るために必要な試験データ(臨床試験データ等)を、開発医薬品企業が少なくとも5年間独占できることを定めた規定	
	生物製剤データ保護期間を8年間に	生物製剤のデータ保護期間を実質8年とした規定(米国は12年、途上国・豪州は5年を要求)	
	医薬品の販売に関する措置(特許リンケージ)	ジェネリック医薬品企業が製造承認を申請する際、政府の医薬品規制当局が先発薬の開発企業に通知し、権利を侵害していないか確認することを義務づける規定	発効時に効力を持つ
	農業用の化学薬品についての開示されていない試験データ保護(販売承認の日から少なくとも10年間)	医薬品同様、販売承認を得るために必要な試験データを、開発企業が独占できることを定めた規定	

※各種資料をもとに堤オフィス作成

そこで立ち上がったのが、どんな時もひたむきにアメリカの後をついてゆく日本政府だった。

〈まあまあ皆さん、細かいことを言いすぎたら、まとまるものもまとまらない。我々は、世界でも類を見ない壮大な自由貿易圏を誕生させようとしているのですよ。ここは一つ、早期締結という共通のゴールを優先しようじゃありませんか〉

日本政府は鮮やかな交渉能力を発揮して参加国からの「削除要求」を次々に却下、最後には4分の1の22項目まで減らすことに成功する。

各国は不満を残しながらも、まあアメリカがいないだけマシかと言わんばかりに、揃って条約に署名したのだった。

でもひとまずアメリカが抜けて、当初の心配はなくなったのでは？

そう思うのは、まだ早い。

アメリカのゴリ押しリストは、削除されたのではなく、日本政府のたゆまぬリーダーシップによって、一時的に「凍結」させられただけだからだ。

RCEPとTPPの枠組み

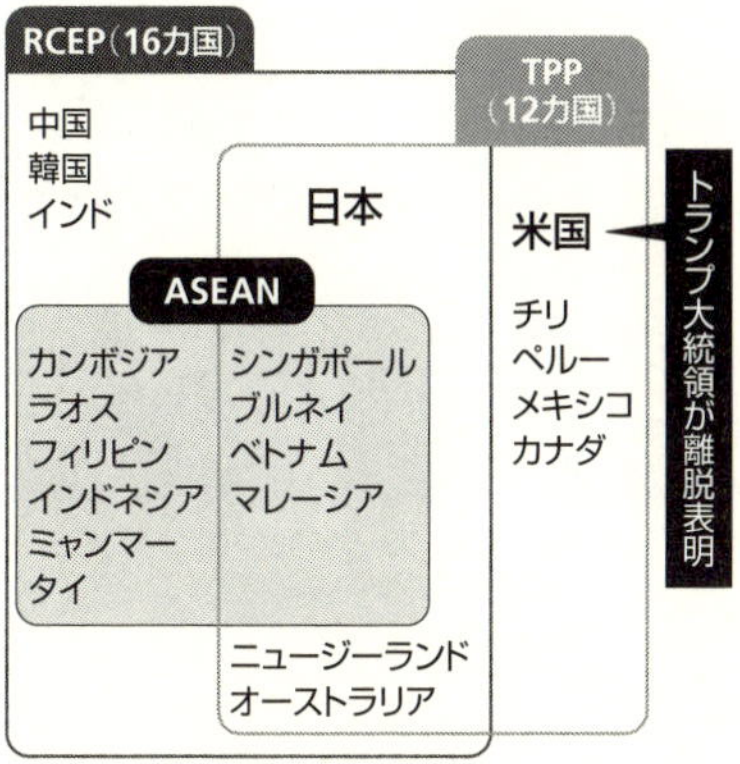

出典：毎日新聞（2017年3月8日付）

ＴＰＰに断固反対のトランプ大統領がマスコミの猛攻撃を生き延びたとしても、２期の任期を終えれば、表舞台から去ってゆく。

次の大統領がＴＰＰに戻ってきたら、凍結されたゴリ押し項目は全て解凍されることになっているのだ。

ついでにもう一つ、アメリカが中心だったＴＰＰとは別に、中国・インドなどアジア系の国と日本が交渉中のＲＣＥＰ（東アジア地域包括的経済連携）でも、ＴＰＰと全く同じ、医薬品データの独占でジェネリック薬の販売を阻み新薬の価格を

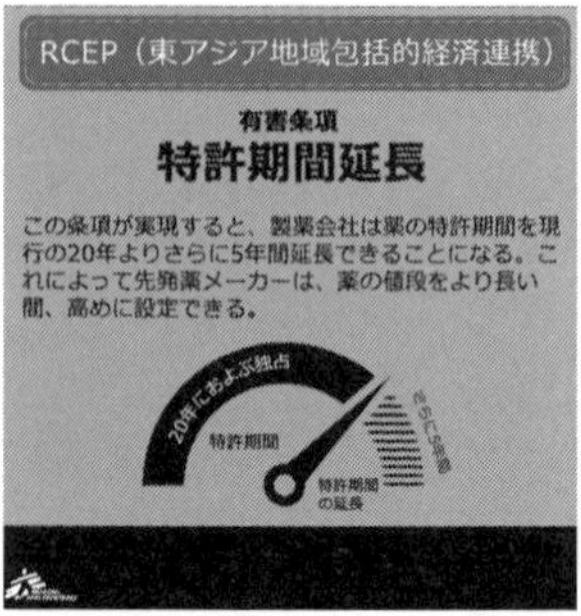

RCEPの中で薬価を上げる特許期間延長条項の危険性を訴える、国境なき医師団

RCEPの中でジェネリック薬が市場に出にくくするデータ保護条項の危険性を訴える、国境なき医師団

高騰させる「知的財産権」に関する複数の条文が、交渉テーブルに乗っている。

国境なき医師団や参加国の医療従事者たちがRCEPに猛反対していることは、日本国民に知らされていない。

それもそのはず、グローバル製薬企業の忠実な腹心のごとく、医薬品価格を跳ね上げるルールを率先して仕掛けているのは、他でもない日本政府なのだ。

薬の値段が跳ね上がれば、日本の国民皆保険制度は形骸化し、貧困大国アメリカと同じように「命の沙汰も金次第」の社会がやってくる。

アメリカで何十人もの医療関係者が私に警告したように、医療を「商品」にすることは、国民の命を売り渡すこととイコールなのだ。

7 老後が売られる

特別養護老人ホームはベッドが空いていても入れない!?

介護は突然襲ってくる。

高齢化トップランナー日本では、現在、5〜6人に1人が要介護認定者だ（平成25年統計）。一旦介護が始まると、5年から10年の介護期間の間に、約500万〜1000万円の費用がかかるという。

国民皆保険制度がある日本で、老後に受けられる公的サービスには2種類ある。最長3カ月でリハビリと医療ケアを提供する「介護老人保健施設」と、中度から重度の介護を必要とする高齢者が、介護と生活支援を受けながら生活できる「特別養護老人ホーム」（特養）だ。

前者はリハビリが終われば出なければならないが、後者の特養は一旦入れば、最後までそこで生活できる。特養は入居時の一時金もなく、月々の利用料も約10万円、食費や介護、住居費は半額が税金控除の対象だ。

全国に8900施設以上あり、過疎地の住民が高齢になった時、住み慣れない都市部に引っ越さずとも地元で暮らし続けられるよう人口の少ない市町村にも必ず1施設は設置されている。

公的介護サービスがなく、命の沙汰も金次第、「死ぬのはあなたの自己責任」の貧困大国アメリカ国民に言わせると、「夢のようだ」と羨ましがられる制度だ。

「晩年を国がちゃんと面倒見てくれるなんて日本は素晴らしい。人生の終わりに向かうにつれて、医療破産か家族離散かと不安が膨れ上がるアメリカとは大違いだ。日本人は安心して歳を取れますね」

だが、本当にそうだろうか。

厚労省のデータによると、現在日本で特養に入りたくても入れないキャンセル待ちの高齢者は36万6139人(2016年)と、長蛇の列をなしている。

2015年に、政府が特養の入居条件を「要介護度1」から「3」と一気にハードルを上げたため前年より減った要介護度1と2の高齢者1万人は、決して消えたわけではなく、行き場をなくしてその負担が家族親類に重くのしかかっている状態なのだ。

国の公的制度を必要としているこんなに多くの高齢者が、なぜ特養に入れず介護難民となっているのだろう?

受け入れ側のスタッフが足りなすぎるのだ。

2018年7月27日。独立行政法人福祉医療機構が2017年度に全国3304特養施設に行った調査によると、64・3%の施設が人手が足りず、26%の特養では平均11床もベッドが空いているのに、人手不足のため新規入居者の受け入れを断っていた。

これだけ人手不足なのに、2018年度の新卒内定者数は、平均1人。半数以上の特養は「新卒内定者ゼロ」だ。

介護スタッフは、日本全国津々浦々、どこもかしこも足りていない。

経産省の発表によると、現在都市部の有効求人倍率は5倍、このままでは2025年までには43万人、2035年には福井県の人口より多い79万人の介護士が不足することになる。

人が集まらない最大の理由は、介護スタッフの労働条件が他の職種に比べて最悪だからだ。

「安い、汚い、きつい」の3点セットと言われ、保育士同様、他の職種より月額給与は平均10万円も安い。人が足りないため1人の介護士にかかる負担が群を抜いており、長時間労働やサービス残業は当たり前、休日もろくに取れず、入居者からの暴力・暴言に耐え忍ぶ毎日で、心身を病むスタッフが絶えないという声が現場から聞こえてくる。

東京都の特養でかつて2年半勤務していたという、20代男性（匿名希望）はこう語る。

「人生の最後を少しでも気持ちよく快適に過ごせる手助けをしたい、そんな純粋な思いで介護業界を目指す人は少なくないと思う。

だが一旦入ると、あまりにひどい環境の中でヘトヘトになり、給与は少なく将来も見えず、このままでは結婚もできないどころか、入居者より自分が先にあの世行きになるのではないかと本気で心配になった。

やっていて良かったと思う瞬間もあるが、辛いことの方がはるかに上回る毎日に耐えきれなくなり、入居者に噛みつかれたことをきっかけに、結局退職願を出した。今は期間限定で郵便局の契約社員をしているが、介護業界には二度と戻りたくない」

「すべて国民は、健康で文化的な最低限度の生活を営む権利を有する」（日本国憲法第25条）をベースにした公的介護制度。

今後、この制度を必要とする国民が爆発的に増えていくにもかかわらず、その労働環境の悪さから、人手不足で機能していない。これを解決するためには、何よりもまず介護士の労働条件を人間らしいものにすることが不可欠だ。

だが、政府には別の考えがあった。

介護士の労働条件を改善する代わりに、彼らを雇っている介護事業者の方を締め上げたのだ。

国内の介護事業者はどんどん倒産

２０１８年４月９日。東京商工リサーチは、２０１７年度の介護サービス事業者の倒産件数が過去最多の１１５件になったことを発表した。この数字は倒産件数のみで、実際は廃業・撤退を進めている予備軍もかなりの数にのぼる。

倒産しているのは半数近くが訪問介護サービスで、その8割がスタッフ10人未満と、中小の介護事業者ばかりだ。

なぜ訪問介護サービスがこんなに倒産するのか？

最大の理由は、政府が介護施設に支払う「介護報酬」（3年ごとに改定）をどんどん減らしているからだ。特に２０１５年には、介護報酬を全体的に減らす中、特に「訪問介護」分野の報酬を平均以上にバッサリ減らしている。

三菱地所など大手ゼネコンが政府から老人施設の建設を受注して潤っている一方で、実際にハコモノを作った後は、スタッフ不足で入居者を受け入れられない。賃金を上げて人を入れようにも、政府に介護報酬をどんどん減らされる。経営が立ちゆかなくなり中小事業者から次々に倒産という、恐るべき負のスパイラルに陥っているのだ。

老人福祉・介護事業の倒産件数

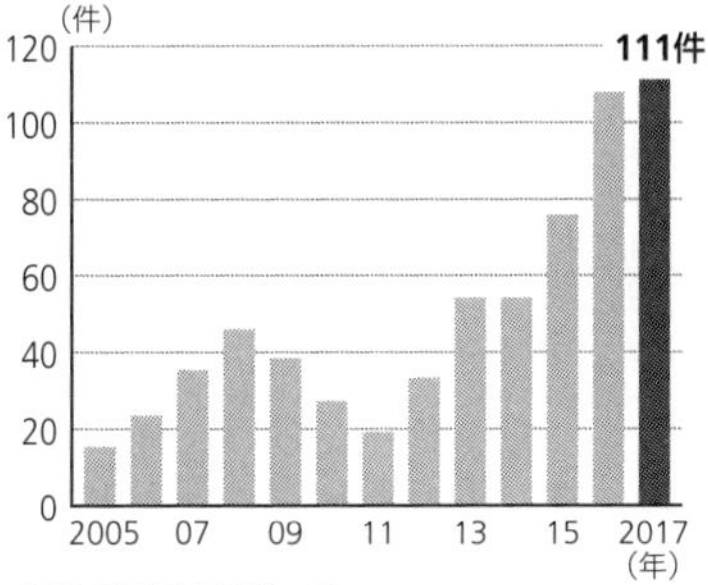

出典：東京商工リサーチ

２０１７年11月。全国老人保健施設協会や日本看護協会など全部で11団体が、「介護報酬を上げてほしい」という過去最多数の署名１８０万人分を政府に提出した。

現場は悲鳴をあげ、特養に入りたい高齢者は年々膨れ上がってゆく。介護報酬を上げない限り、高齢化大国日本の未来が絶体絶命なのは、火を見るよりも明らかだ。

だが介護現場が発した180万人分のSOSは、この間、着々と進められていた規制改革推進会議の「全てに値札をつける民営化計画」の前に、かき消されてゆく。

介護ビジネスはウォール街の五つ星投資商品

ビジネスの世界では、需要が膨れ上がるほど生み出される利益も大きくなる。

中でも、政府の公金から報酬が入る「公的制度」に民間サービスをドッキングさせる事業は、最もリターンが大きいスタイルだ。アメリカではこのビジネスモデルによって、介護は政府公金を元に成長する巨大ビジネスに成長した。

「ハコモノは自治体の公金で建て、人件費とサービスは運営企業が極限まで下げ、入居者の回転率はスピーディに」の3点セットで高い利益率を誇る公設民営介護業界は、ウォール街で五つ星投資商品の一つになっている。

介護業界で深刻化する人手不足は、財界から見るとまさに宝の山なのだ。

2017年9月。政府は介護士にビザを認める制度改革を実施、同年12月には介護福祉士の資格を取った外国人技能実習生にも在留資格を与える方針を打ち出した。

本来、期間限定で技術を学ぶ「学生」である実習生を不足している労働力の穴埋めに使うのはタブーだが、これを提案したのは、そんなことは気にしない財界出身民間人中心の「経済財政諮問会議」だった。

「少子高齢化が急速に進む中、高いレベルのサービスとリーズナブルなコストを実現するためには、外国人看護師・介護士の導入が必要なのです」（総合規制改革会議：安居祥策委員）

財界には、介護士の労働環境を改善する気などない。

代わりに日本人よりも手頃な価格で働かせられる、外国人労働者を使う気満々だ。

これなら待機老人は減るし、企業は儲かる、実習生たちは母国に仕送りができて大喜び、まさに一石三鳥ではないか。企業側の思惑としては当然の考えだろう。

今の日本では、国民の暮らしを左右する政策を決める場に、現場の人間や当事者はいない。

財界人か財界寄りのメンバーと総理が議長の会議にて、あらゆる政策がビジネスの論理で決められてゆく。

外国人も裸足で逃げ出す介護業界

だが介護士はモノではない。

「安価な労働力を導入せよ」などと旗を振って、労働環境を改善しないまま「介護職にどうぞ」と門戸を開いたらどうなるか。

2018年になっても、介護職へ申請してきた技能実習生はゼロ、誰も応募して来なかった。

「おかしいな、もっと申請してくると思った」と首を傾《かし》げる厚労省は、2017年に過去最多の7089人が失踪した外国人技能実習生の間で、SNSなどを通して日本の労働環境の劣悪さがとっくに知れ渡っていることなど、夢にも思っていないのだ。

全国の労働基準監督署による2017年の調査では、5672事業者のうち約7割で、給与不払いや1カ月の残業が100時間を超えるブラックな環境が確認されている。

だが、そうなってもまだ「介護士不足は労働環境が悪すぎるから」という事実を頑として認めたくない政府は、代わりに外国人介護士の応募条件を改定した。

「応募がなかったのは労働環境が悪いからではなく、きっと日本語の問題ですよ」

そう言って、介護士に必要な日本語能力のハードルを下げたのだ。

来日の時には日本語能力試験においてN4の、8カ月目までにN3の日本語能力があれば、最長5年日本で介護士として働ける。

ちなみにN4とは、どの程度の日本語力か？

Q（　）の中にいちばんいいものを一つえらんでください。
先生　この言葉は（　　　　）意味ですか。

①どうやって　②どのくらい　③どういう　④どう

そしてビザ更新条件であるN3とは、

Q（　）の中にいちばんいいものを一つえらんでください。

（　　）寝たので気持ちがいい。
①すっかり　②ぐっすり　③はっきり　④ぴったり

（日本語能力試験問題集より）


だが実際介護現場では、これが大きな問題を引き起こしているのだ。

介護業界の求人を手がけるセカンドラボが2018年に行った外国人介護士雇用に関する調査によると、事業者の半数以上が「最大の問題はコミュニケーション」だと答えている。

会話をあまりしなくても仕事ができる漁業や農業と、介護の場合は話が違う。

入居者や同僚の介護士との日常的な会話自体が仕事の中心になり、ちょっとした行き違いが思わぬ事故につながるのだ。

政府はわかっているはずだ。人手不足の介護現場に、日本語のおぼつかない外国人介護士の業務日誌や事務連絡をフォローする余裕などないことを。

しかも政府は、施設内以上に正確なコミュニケーション能力を必要とされる訪問介護にまで、外国人介護士が参入できるよう法律を変えている。

そもそも何度も当事者たちが訴えているように、人手不足を無理に外国人労働者で穴埋めせずとも、すでにいる日本人介護士の待遇を改善してくれれば、離職も防げて人も集まるのだ。


外国人介護士の受け入れで、人材不足は解消すると思う？

（現場アンケート）

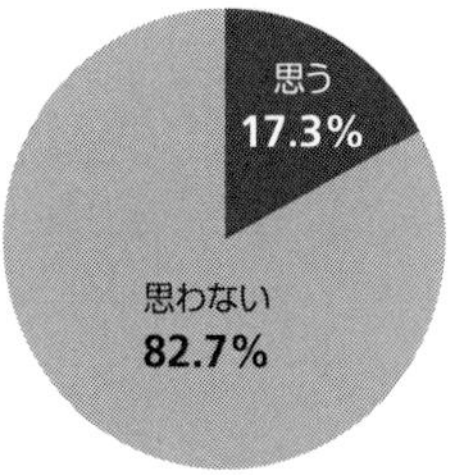

出典：minnanokaigo.com

だがこうした現場の声を聞いても、政府と規制改革推進会議は、外国人介護士に執着していた。

このままでは語学試験がネックになって人が集まらない、あの「ＥＰＡ制度（インドネシアなどから看護師として実習生を受け入れる制度）」の二の舞になってしまう。

とはいえ、介護士の日本語能力が入居者の生死に関わるという現実は、さすがに政府も認めないわけにはいかず、法改正は必須だった。

２０１８年６月15日。政府が発表した「骨太の方針」からは、外国人介護士が来日する際に最低限必要な日本語能力の「Ｎ４」という条件が削除され、「ある程度日常会話ができ、生活に支障がない程度の能力を有することが基本」という、さらに緩い条件に変えられていた。

目標は、2020年までにベトナムからの介護士1万人導入だ。

「施設から自宅へ」を掲げながら、訪問に来る安価な介護士に日本語がたどたどしい外国人を推進する政府。

果たして私たち日本国民は、そういう事業所に自分の親を預けたいだろうか？

混合介護がやってくる

2018年6月28日。

「国家戦略特区」の一つである東京都豊島区は、介護保険と保険外サービスを組み合わせて使える「混合介護」の実施と、その際に参入する東京電力子会社など9つの事業者を発表した。

混合介護とは、利用者が1〜2割を負担する介護保険で使えるサービスと、利用者が全額負担する保険外のサービスを組み合わせるやり方だ。今までも禁止ではなかったが、どこまでが介護保険の適用になるのかの線引きが難しく、多くの自治体では認めていなかった。

例えば訪問介護士に、高齢者への医療的なケア以外の買い物や料理、ペットの世話などのサービスを提供してもらった場合、それは100％自己負担だ。

これを歓迎する声もある。

「今まで決まった介助の他に、あと少しこれを手伝ってくれたら助かるのにと思うことがあっても、保険外だからと断られてきた。混合介護にしてくれれば大助かりだ」

だが、本当にそうだろうか。

考えてみてほしい。政府がどんどん報酬を下げるせいで、経営が苦しい介護業界の状況は変わっていないのだ。

自分が事業者なら、倒産を防ぐためにどうするか？

報酬の少ない保険適用サービスだけを使う客より、100％自己負担の保険外サービスをたくさん利用してくれる経済的余裕のある客を増やそうとするだろう。そして介護保険でカバーできるサービスは減り、100％自己負担のサービスがメニューに増えてゆく。

国民皆保険制度において、医療従事者たちが混合診療解禁にずっと反対してきたのも、混合診療にしてしまうと、公的保険適用の診療より自由診療が増え、受けられるサービスに格差ができてしまうからだ。

今後、介護士と介護事業所不足が最も深刻な東京都や愛知県（どちらも国家戦略特区）などの都市部を中心に、金銭的余裕のある人しか介護サービスを受けられない状態になってゆく。

事業者が儲かれば成功とみなされ、混合介護は全国に広がってゆき、人手を増やす余裕のない過疎地の介護施設は、どんどん消えてゆくだろう。

住宅ローンを払い終えて、さあこれから介護が必要だとなった時、自分の住む地域にあるのが富裕層対象の介護施設ばかりになっている可能性もある。

自分の親の、もしくは自分自身が高齢になってから、介護施設を探して各地を走り回る姿を想像できるだろうか？

そんなことあり得ない、と思うあなたは、アメリカの介護ビジネスの実態を見るといい。

このままいくと遠くない未来に、日本も貧困大国アメリカと同じように、介護が贅沢品になる日が来るだろう。

高齢化のトップランナーであるここ日本を、同じ問題を抱えて後を追う他の国々がじっと見つめている。

日本は果たして、高齢化先進国のお手本になれるだろうか？

それとも貧困大国アメリカの後を追い、「今だけカネだけ自分だけ」の社会を突き進むのか。

無関心でいる時間はない。

取り返しがつかなくなってからしまったと思っても、唸るほど介護ビジネスで儲けた財界も彼らの代表がいる規制改革推進会議も、介護を介護ビジネスにする政策を導入した政治家たちも、もうその頃にはいないのだ。

8 個人情報が売られる

これは便利！ マイナンバーとLINEが合体

国が切り売りされ、あらゆるものに値札がつけられてゆく中で、「個人情報」はマーケティングツールとして最も価値ある商品だ。

2017年11月2日。内閣府と総務省は全日本国民に割り当てられたマイナンバーの個人情報について、新しい方針を発表した。

今後は住民票や生活保護、幼稚園や保育園の申請などが、無料通信アプリ「LINE《ライン》」を通して、マイナンバーカードをスマホにかざすだけで、行政サービスと連動するマイナポータル（政府が運営するオンラインサービス）を通し、簡単に手続きできるようになる。

来年以降は年金や税金の支払いなどもできるようになるという。

できてから2年以上経つのに、いまだに全国民の1割しか利用していないマイナンバーをなんとかして広げようと、この間ずっと頭を悩ませてきた政府が編み出した苦肉の策だ。

LINEは、今日本でスマホユーザーの7割、10代女子では9割という驚異的な利用率を誇り、子供を持つ親同士の間でも連絡ツールとして広く使われている。

日本人の日常の一部となりつつあるLINEと、干上がって草すら生えそうにないマイナンバーを紐《ひも》づければ、日本国民もきっと次のように歓迎してくれるだろう。

〈これは助かる。ＬＩＮＥにマイナンバーを入れるだけで面倒臭い役所の手続きや税金の支払いができたら、手間が省けて便利じゃないか〉

だが、本当にそうだろうか？

民間企業に個人情報を提供するリスク

第一に、ＬＩＮＥは公的機関ではなく、一介の民間企業だ。

LINEと行政サービスが連動するマイナポータル／出典：Linecorp

２０１１年６月の誕生以来、日本を始め、タイや台湾、インドネシアの４カ国で約２億１８６０万人が利用（日本の月間ユーザーは全人口の半分の６８００万人にのぼる）、年間５０００億円の売り上げを出している。

各国の銀行と提携し、現在３８００万人が利用する決済機能「ＬＩＮＥ Ｐａｙ《ペイ》」は急速にユーザーを増やしており、ＬＩＮＥ Ｐａｙでの確定申告を可能にした台湾では大きく成長、今後もますます広がってゆくだろう。

ＬＩＮＥを開発した技術者は韓国人で、同社の幹部は韓国人と日本人の半々で構成され、親会社は87%の株を所有している韓国企業ネイバー社だ。

だが、まだその上に別の所有者がいる。

韓国は1990年代後半のアジア通貨危機の際、IMFによって国内機関の大半が民営化させられ、ほとんどの国内株式を外資が買い占めているからだ。

LINE親会社のネイバー社は、株式の6割以上を、ブラックロック社やオッペンハイマー・ホールディングス、バンガード・グループなどの欧米巨大グローバル金融企業に所有されている。

つまり、LINEでやりとりする内容や個人情報の扱いを決めるのは、日本政府が直接手を出せない、韓国や外資の民間企業ということになる。

韓国でハッキングは合法

検索エンジンやチャットアプリなど、個人情報に関わる技術を使う際、注意しなければならないのは、その国の個人情報の扱い方に関するルールだろう。

例えばアメリカは2001年の同時多発テロ以来、「テロ対策への協力」を大義名分に、当局がグーグルやヤフー、フェイスブックなどの私企業に、ユーザーの個人情報やメールの内容、位置情報などの提出を要求することが常態化している。

GPS情報を取得していないからiPhoneの位置情報は見られないなどと反論していたアップルも、2014年のガイドライン改定以降は、ロック状態でも写真や動画、メッセージなどのデータ抜き取りが可能になり、当局の令状があれば、一部データを警察に提供することが可能になった。

LINEの親会社がある韓国の場合は、ネット上に流れている情報を無断でハッキングする行為は、法律上は合法だ。

2013年7月19日。LINEは親会社のネイバー社から、アカウント名やメールアドレスを始め、暗号化されたパスワードなどを含む日本人169万人分の個人情報が、ハッキングにより流出したことを発表した。

2014年5月には、韓国国家情報院がLINEを傍受《ぼうじゅ》し、ユーザーの個人情報の保存と分析を行っている事実が、日韓両政府関係者協議の場で明らかになっている。

これを知った台湾の総統府は「セキュリティ上の懸念がある」としてすぐに公務でのLINE使用を禁止したが、2012年の野田政権下で内閣府がLINEアカウントを開始した日本では、今も内閣府の利用が続けられている。

フェイスブックやインスタグラムやLINEのような民間企業は、サービスを無料で使わせることと引き換えに、ユーザーが提供する個人情報を企業に売ることで利益を出す。

LINEの場合も、インストールすると同時に、自分の携帯に登録している電話帳が全てLINEに流れるよう初期設定されており、アカウントの乗っ取りや他人のなりすまし事件が後を絶たない状態だ。

LINE上で電話番号や認証番号を友達に教えれば、あっという間に乗っ取りが可能になる。利用人数が多い分、犯罪の温床になりやすいのだが、10代の子供たちどころか、大人にもまだまだこうした危険性が十分に知られていない。

写真や文章は一度投稿すると二度と削除できず、システム上に永久に残ってしまう。電話番号がわかれば、そのスマホ内の情報は全て読むことができるために流出リスクが常にあるのだ。

そして企業が運営している限り、個人情報の扱い方はいつでも自由に変えられる。

2018年1月15日。LINEはプライバシーポリシーを改定し、同意すると、会話の日時やその中身、タイムラインの投稿内容や周辺情報、使用したスタンプ、LINEが提供する各種機能の利用状況なども全て、LINEの会社に提供されることになった。ユーザーが自分で設定を変更しなければ、自動的にこれらの膨大な個人情報がLINEの会社に流れてしまう。

フェイスブックやインスタグラム、LINEなどの民間企業のアプリを使う際、一番重要なことの一つが、この「プライバシー設定」の更新を頻繁にチェックすることだが、ユーザーの年代も幅広いため、残念ながら全員が危機意識を持つことは難しい。

企業が利益を求めるのは当然なので、サービスを使っているこちら側が、自分の身は自分で守るしかないのだ。

だがLINEのように、自分が気をつけていても、自分の電話番号を登録している危機意識のないユーザーのせいで、自分の個人情報が全て流出することが起きてしまう。

友達や家族との日常会話程度なら、別に漏れても大したことないかもしれない。

では日本政府がLINEに紐づけることを決めた、住民票や医療情報、生活保護や税金や、銀行口座の情報はどうだろう？

プライバシーの危機意識が緩すぎる日本

日本は個人情報やプライバシーに関する危機意識が薄い国だ。

日本年金機構のシステムサーバーから年金の個人情報が流出した事件や、東京商工会議所の会員情報1万2139人分、JALの顧客情報19万3337人分、ベネッセの顧客名簿3504万人分、衆議院の議員・議員秘書及び事務職員2676人分、三菱UFJ証券の顧客情報149万人分など、個人情報漏洩《ろうえい》事件がひっきりなしに起きている。

だがこれだけの個人情報が流出しても、毎回軽い対応しか取られていない。マスコミが「情報流出事件」として報道した後は、それ以上の追及はされず、忘れられてゆく。

２０１８年３月には、日本年金機構が年金情報管理を委託した民間企業「ＳＡＹ企画」が、データ入力を中国企業に再委託し、５００万人分の年金データが流出、まさに国家情報ダダ漏れの現状が露呈《ろてい》した。

ＳＡＹ企画の社長は会見で「名前の読み仮名の入力なので、個人情報漏洩ではないと思っていた」などと寝ぼけたことを言っていたが、同社は日本国民のマイナンバー管理を始め、国税庁の操作システムや、経産省、文科省、内閣府、厚労省の国民の健康情報管理（福島第一原発作業員の健康管理情報）など、国民の個人情報に関する管理を、政府から数多く受注している企業なのだ。

つまり「名前の読み仮名だけだから大丈夫」なわけがなく、マイナンバーとこれらの年金や健康に関する個人情報を組み合わせれば、委託先の中国で、日本人の個人情報データベースができてしまう。

２０１８年５月17日。米国セキュリティ企業のファイア・アイ社は、中国の闇サイトで日本人の個人情報２億件分が売買されているという調査結果を発表した。

だいたい公的機関である年金機構が、一般競争入札で誰が扱うかわからない民間企業に、相場の４割で管理を委託するというグズグズな体質自体、危険極まりない。

再委託された中国で、さらに別の下請け企業にデータが回ったかどうかさえ、調べようがないのだ。委託先の中国で、日本人の情報を元に偽《にせ》の銀行口座を開かれたりパスポートを偽造されたりしても、政府は責任を取ってなどくれない。

日本では、警察が個人の携帯電話の位置情報や電話番号を令状なしに取得できる上に、警察によるGPS監視は、もはやプライバシーの侵害ですらない。個人の車に無断でGPS装置を取りつけて調べても、裁判では無罪の判例が出る国なのだ。

その一方で、国は国民の個人情報をあまりにもずさんに扱っている。

今後日本では、政府の「マイナンバーカード利活用推進ロードマップ」に沿って、カジノ入場やオリンピック会場への入場時に見せるIDにマイナンバーを使うなど、ますます日常生活での利用拡大が進められていく。

健康保険や戸籍謄本、不動産の登記簿などにも広げていく予定だ。

これだけ危機意識の低い政府に、今マイナンバーとLINEを紐づけさせることのリスクが見えるだろうか？

日本人が大好きなLINE、韓国人はサイバー亡命

日本ではスマホユーザーの半数が利用する大人気アプリのLINEだが、韓国では2014年以来、ユーザーが次々に逃げ出している。

2014年。韓国の朴槿恵《パククネ》大統領が、ネット掲示板での大統領に関する書き込みが名誉毀損だと発言し、政府は書き込みをした主婦を逮捕、すぐに検察によるリアルタイムの強力な監視体制が開始された。

政府のこのやり方に危機を感じた韓国人ユーザーは、次々にLINEやカカオトーク（同時期にカカオトークの運営会社が、政府にユーザー情報を提供していることを認めて謝罪）などの無料コミュニケーションアプリから脱出、約167万人がチャット内容が監視されない他国のアプリに乗り換え、「サイバー亡命」が流行語になった。

中でも一番人気が高い乗り換え先は、安全性に定評があるドイツのTelegram《テレグラム》だ。チャットの内容は全て暗号化され、転送は不可、サーバーに足跡も残らない。投稿内容は2秒後から1週間先まで、ユーザー自身で消すことができる。

Telegramはセキュリティの高さに絶対の自信を持っており、「もしあなたが我が社のアプリをハッキングできたら、20万ドル相当のビットコインをプレゼントします」というキャンペーンをやっている。

アメリカ大統領のCIA盗聴対策

CIAの元職員であるエドワード・スノーデンの内部告発で、当局の監視体制が世界中に知れ渡った西側の監視大国アメリカでは、政府は一切責任を取ってくれないため、個人情報を守るのは自己責任だ。

ハッキングの最大ターゲットである大統領は、特に厳重な体制をとっている。オバマ大統領が使っていた携帯ブラックベリーは、そのセキュリティ機能の高さで有名だ。

ＬＩＮＥと同じように無料でチャットや通話、動画がやりとりできるが、その内容は完全に暗号化され、全ての通信はユーザー間でのみやりとりされる。

中間情報は全て最新のＤＥＳ１６８-ｂｉｔ暗号やＴＬＳ技術で完全に暗号化され、ブラックベリー本体はおろか、ＮＳＡやＣＩＡですら通信傍受が難しい。

アメリカの大統領を始め、連邦政府の職員の多くは、ブラックベリーのスマホを使って身を守る。何しろ、そのセキュリティの高さから、一部の国では警察が犯罪捜査に使えないとして、使用が禁止されているほどなのだ。

その他、セキュリティ意識の高いアメリカ人に人気があるのは、やはりチャット内容が暗号化されるスカイプだ。一時はＮＳＡにテロ対策で情報提供していたが、その後マイクロソフトの傘下に入ってからは、アメリカ政府の監視体制に反対声明を出すなど、会社の方針としてセキュリティ強化を進めている。

２０１８年７月。全世界で最もユーザー人口の多い14億人が利用する「Ｇメール」のメール内容を、実は第三者であるアプリ開発者が読めることを米グーグルが認めたことが大きなニュースになった。同社は「違法ではない、利用規約に書いてある」と言うが、多くのユーザーはそのことに気づいてすらいない。アプリを管理する画面で「データ共有を無効」にしない限り、第三者はいつでもＧメールの中身を覗《のぞ》くことができてしまう。

もっと厄介なのが位置情報だ。

２０１８年８月14日。グーグルが位置情報をオフにしているユーザーの所在も記録していたことが、ＡＰ通信の調査で明らかになる。グーグルマップを開くと同時に、位置情報が撮影されているのだ。

どこからどこに移動したか、ユーザーの自宅の住所まで、その動きは地図上に詳細に示され、グーグルにその人の個人データとして蓄積されてゆく。

これは初期設定ですでにセットされているので、途中で止めるには、「ウェブとアプリのアクティビティ」と「ロケーション履歴」という２つの設定をオフにするしかない。

ユーザーの位置情報や日常的なメールの中身など、こうした個人情報に企業がつける値札は年々高くなっている。グーグルがユーザーの知らないところでこっそり収集する個人情報の商品価値は、私たちが思うよりずっと高いのだ。

大手ＩＴ企業のやり方があまりにひどいので、米国議会ではこれを機に、「個人のプライバシーとデータ保護に関する法案」を作成する動きが始まった。

「個人情報」という資産を守れ

2017年1月。就任直後のトランプ大統領は、前政権に引き続き、警察の監視権限を広げることを宣言した。

イギリスでは国民が利用したネットの全履歴を、政府がハッキングできる法律が導入され、大きな批判を呼んでいる。

カナダのトロント大学の調査によると、スマホにマルウェア（コンピューターウイルスの一種）を感染させることで、メール内容からカレンダーの予定、SNSでのつぶやき、マイクの音声や周囲の画像、位置情報などを把握して、一個人を徹底的に監視できるサービス「ガリレオ」が、すでにイタリアに本社を置くハッキングチーム会社から、各国の政府機関に提供されているという。

為政者側はいつの世も、国民の個人情報を握り、監視を強化する。

世界は今、個人情報という商品を政府と企業が国境を越えて奪い合う、情報戦争の真っ只中にいるのだ。

政府の危機意識が追いつくまで待っていては間に合わない。

自分の身は自分で守りながら、マイナンバーなど重要な個人情報に関しては、不用意に他国に売らせないよう、政府をしっかり監視しなければならない。

第3章

売られたものは取り返せ

政府が企業に忖度し、暴走し売国が止まらない時、国民にできることなどあるのだろうか？

答えはイエスだ。すでに世界各地では、同じ問いを行動に変えた新しい流れが次々に生まれている。

1 お笑い芸人の草の根政治革命 〜イタリア

世界初！ 直接民主制担当大臣誕生

2018年7月。

イタリアのマッタレッラ大統領は、新内閣の組閣時に、第一党である「五つ星運動」の幹部リカルド・フラカーロ氏を、同国初の直接民主制担当大臣に任命した。

「五つ星運動」は、失業率11％、25歳未満の若者の4割が失業中のイタリアで、69歳の元コメディアン、ベッペ・グリッロ氏とジャンロベルト・カザレッチョ氏が、2009年にたった2人で始めた政治運動だ。

地方から小規模で始まり、その後政界に進出し、2013年の総選挙では第二党に躍り出る。みるみるうちに勢いをつけ、2014年には欧州議会に出馬、2016年には同党から2人の市長が誕生し、なんとたった8年で政権を取ってしまった。

若者の絶大な人気を集める五つ星運動は、SNSやネットを有効に使い、市民参加型民主主義を目指す21世紀のデジタル政党だ。

スローガンは、環境の保護、インターネットの自由、水資源保護、持続可能な交通、経済成長の5つ。

最も大事なポリシーは、地元のことは政治家に丸投げせずに、そこに住む当事者である住民たちが決めること。そのために、自分たちの中からどんどん代表を議会に送り込む。

当選したら「先生」などと呼ばれて、勘違いした上から目線の嫌な政治家にならぬよう、給料は一般平均と同額、任期は例外なしで1人2期までとする。

できるだけ多くの人が政治に参加し多様な意見が反映される方が良いので、立候補のハードルは極力下げねばならない。

供託金は一切なく（日本には衆議院議員300万円、参議院議員600万円の供託金があるが、イタリアに供託金はない）、日本のように仕事を辞めて立候補したら背水の陣となってしまう状況と違い、任期を終えたらちゃんと元の仕事に戻れる保証つきだ。

特定企業や大口スポンサーに忖度する状況を作らないよう、選挙資金は専用アプリで少額の寄付をたくさん集めてゆく。

これなら志さえあれば、組織力のない若者でも経験のない一般市民でも、誰でも一ユーロも

イタリア政権を取った五つ星運動。右から2番目が元コメディアンのベッペ・グリッロ氏
©ロイター＝共同

かけずにオンラインから気軽に立候補できる。

　このやり方が大成功し、全国各地の地方選挙から国政選挙まで、五つ星運動の候補者が次々に当選し、人数が増えていった。

　選挙資金をオンラインで少額ずつ集めることの重要性を、五つ星運動の下院議員リカルド・フラカーロ氏はこんな風に表現している。

「大企業や多国籍企業から寄付を受ければ、彼らが議員をコントロールする。
市民に支えられれば、市民が議員をコントロールする」

　そう、五つ星運動が目指すのは、全ての政治家が「市民」にコントロールされる政治なのだ。大口献金を受け取って紐つきにならないよう、五つ星運動の候補者は政治資金を少額で集めるだけでなく、政党助成金も拒否し、大企業からは一切受け取らない。

　２０１４年にＥＵ議会選挙で73議席を獲得した際も、４２００万ユーロ（約55億円）の政党助成金は、全額国庫に返納した。毎月国から受け取る議員報酬の半分はマイクロクレジット基金に納め、そこから融資を必要とする市民に貸し出してゆく。

一人ひとりが決定に参加することで、自分の声が意味を持つことを、市民に実感させられる。

五つ星運動が目をつけたのは、まさにここだった。

政治に無関心な層を動かす最も効果的な方法は、彼らに決定権を与えて、当事者にしてしまうことだ。そのためには自分と関係のない壮大な政策よりも、彼らの生活に直結する、ごく身近なテーマで引きつける方が効果がある。

「イタリアの財政赤字」より「高すぎる授業料」、「外交問題」より「失業対策」など、地域レベルの運動の方が、市民がスピーディに団結しやすいのはそのためだ。

主役は政治家、市民は観客、という古いスタイルの政治を壊し、市民が自ら参加したくなるような仕掛けを考えねばならない。

五つ星運動は、「ルッソ」というアプリで全ての政策を公開し、党員がスマホやタブレットから行うメール投票で、党のマニフェストを決めてゆくスタイルにした。

党が国会に法案を提出する前に、党員が中身について自由に意見を出せる。市民が提案した内容でも、党員の投票によって最多数を集めれば採用され、法案として国会に出されるのだ。

国会議員、州議会議員、市議会議員が出した法案についても、「シェアリング」というアプリで、その内容について市民が自由に意見を交わすことができる。そして、ネット上の議論の中からまた新しい提案が誕生し、その度に法案がどんどん進化してゆく。

だが、ネットを使った意見交換には、一つだけ大きな弱点があった。

いつの間にか同じ意見を持つ者ばかりが集まり、気がついてみると、反対意見を聞くチャンスがなくなってしまうのだ。

日本でもSNSで盛り上がった政党が、選挙で惨敗するパターンが少なくない。

五つ星運動は、そのことに気がついていた。

ネットは異なる意見を排除する。人々が自分と違う意見に耳を傾けるためには、スマホの画面だけではなく、直接顔を見ながらの対話が絶対に必要だ。

だから彼らは、自ら市民の中に出て行った。

広場に、カフェに、学校に出向き、そこであらゆる意見に耳を傾けながら対話を重ねてゆく。異なる意見に耳をふさぐのではなく、まずは受け止め、相手を尊重し、人間関係を作るのだ。

そうすることで人々は思い出す。市民と政治家は敵同士ではない、より善き社会を目指すという同じゴールに向かう、一つのチームであることを。

2013年から五つ星運動の党員をしているという、ミラノ在住の飲食店店員で25歳のマルコ・ビアンキは、五つ星運動が自分と政治の距離を変えたと語る。

「それまで政治には、全然興味がなかったんです。日常生活には色々不満があったけど、どうせ政治家は自分たち若者の声なんて聞かないし、こっちの生活は良くならない。だから選挙も行く気がしなかった。

でも、ある時五つ星運動の議員が、自分が働くこのカフェに来て、そこにいる客とワイン片手に楽しそうに盛り上がっているのを見たら、少し興味が湧いたんです。〈我々政治家があなたたちのための政治をしないなら、すぐに政治家を変えなさい〉なんて、自分で言う政治家は、ちょっと変わってるからね。

それで彼らの勧める〈イーラーニング〉というアプリを開いたら、僕らのような一般市民にどんな権利があるかがわかりやすく書かれていて、生まれて初めてレストランの店長に、交通費の交渉ができたんです。この僕がですよ！

今はネットでしょっちゅう党員と市民の対話や法案をチェックして、オンラインでマニフェスト作りに参加しています。五つ星運動の議員は毎週どこかの広場かカフェに来るから、直接行くこともありますよ。議員が演説の途中で、即興で歌い出すのが好きだから。広場もネットも雰囲気は明るいし、自分の声がすぐに反映されるから楽しい。ワクワクしますね」

明るい、楽しい、ワクワクする。イタリア人を動かす3大キーワードだ。

もちろん、これだけオープンに門戸を開いていることには副作用もある。

党の人気を利用しようとして近づいてくる人間が後を絶たないのだ。

だから五つ星運動は、常に目を光らせる。

＊金の動きはクリーンか。
＊徹底した情報公開がされているか。
＊市民が置き去りにされていないか。
支援者数は膨大だが、自分の選挙区のために不正利用ができないよう、党の所属議員は支援者名簿へのアクセスを禁じられている。内部からの腐敗を防ぐために、非民主的な動きをした議員はすぐに党の裁判にかけられ、速やかに処罰されるのだ。

市民が参加し、政策を作るので、戦争を望む声は全く出ないという。

戦争を望むのは、そこに利害関係を持つ者たちなのだ。

他国を軍事的に攻撃することを禁じるイタリア憲法に従って、五つ星運動はNATO体制にもはっきりと反対を表明している。

次の目標は、EUを中から改革することだ。

閉ざされた部屋の中で、権力者だけがルールを決める今のやり方は独裁的だ。彼らはこれを直接民主主義にしたいという。

メンバー国の意向より、欧州委員会が権力を握るという今の偏った仕組みを、五つ星運動のような開かれた民主的なシステムに変えるのだ。

五つ星運動はそのために、現在EU離脱案をめぐる国民投票を提案している。

彼らの狙いはEU離脱そのものでなく、国民投票という方法論で、政治と国民の距離を変えてゆくことなのだ。

そしてイタリアを、名実ともに直接民主主義国にするための、憲法改正を準備している。中央政府が国民の声に耳を傾けなくなった時、自分たちの住む地域から小さな変化を起こしてゆくことは有効だ。

それがやがて広がって大きな力になり、国全体を動かす力になることを、五つ星運動は示してくれている。

第1章でも述べたように、日本でも2018年の春から廃止された種子法を、自分たちの地域だけでも元に戻そうと行動を起こしている自治体が、少しずつだが増えている。廃止からわずか半年の間に、新潟県、兵庫県、埼玉県は独自の種子条例を作り、北海道や長野県も自分たちの種子法条例を作成中だ。

五つ星運動が目指しているように、理不尽に奪われたものはさっさと自分たちで取り返すという人々が、イタリアでも日本でも行動を起こし始めている。

2 92歳の首相が消費税廃止 〜マレーシア

庶民が大統領を選ぶ

2018年6月1日。

マレーシア政府は、消費税を廃止した。

前月9日に下院選で勝利したマハティール首相率いる政権与党が、同国の経済安定化政策として「政権交代から100日以内の消費税廃止」という公約を掲げていたからだ。

92歳の医学博士マハティール氏が15年ぶりに首相の座に返り咲いたこともさることながら、消費税廃止をはっきりと打ち出して、即実行に移したことは、国内外からも大きな注目を集めた。

前政権が2015年から財政再建のためだと言って導入した6％の消費税は、食品や農産物や食肉加工品、公共交通や高速道路、居住するための不動産、金融や医療や教育には一切かからない。それでも政府が導入した消費税そのものに対し、国民は大きな不満を持っていた。

強欲資本主義発祥の地である貧困大国アメリカですら、消費税は存在せず（あるのは州税だけだ）、財政再建のために消費税導入などという話も全く出てこない。

一方日本は、消費者側の収入にかかわらず3％から5％、8％とどんどん消費税を上げながら、毎回国民に向かって「社会保障に全額使います」などと約束をし、破り続けている。

実はこの間上げ続けてきた消費税と法人税減税分が相殺されて、社会保障費に回る分などちっとも残っていない。

消費税に詳しい元静岡大学教授の湖東京至税理士は、法人税を消費税導入前の税率に戻し収入に応じた負担にすれば、国税と地方税を合わせて30兆円を超える財源が確保できるという。消費税を廃止すれば景気が回復し、法人税や所得税からの税収も伸びるのに、今の日本では、医療も介護も教育も、国民の自己負担だけが上がる一方なのだ。

出典：政府公報ポスター

２０１９年に消費税は10％になる予定だが、日本政府のこのやり方は、世界的に見てもかなりの低所得者切り捨てであることがわかるだろう。

マレーシアの消費税6％は、日用品にはかからないとしても、中小企業を圧迫し、国民の消費行動を鈍らせるとして猛烈な批判を受けた。消費税廃止を掲げた野党連合と、過去22年という長い任期を務め、アジア通貨危機が起きた１９９７年に、融資と引き

日本の消費税増税と法人税減税は相殺される

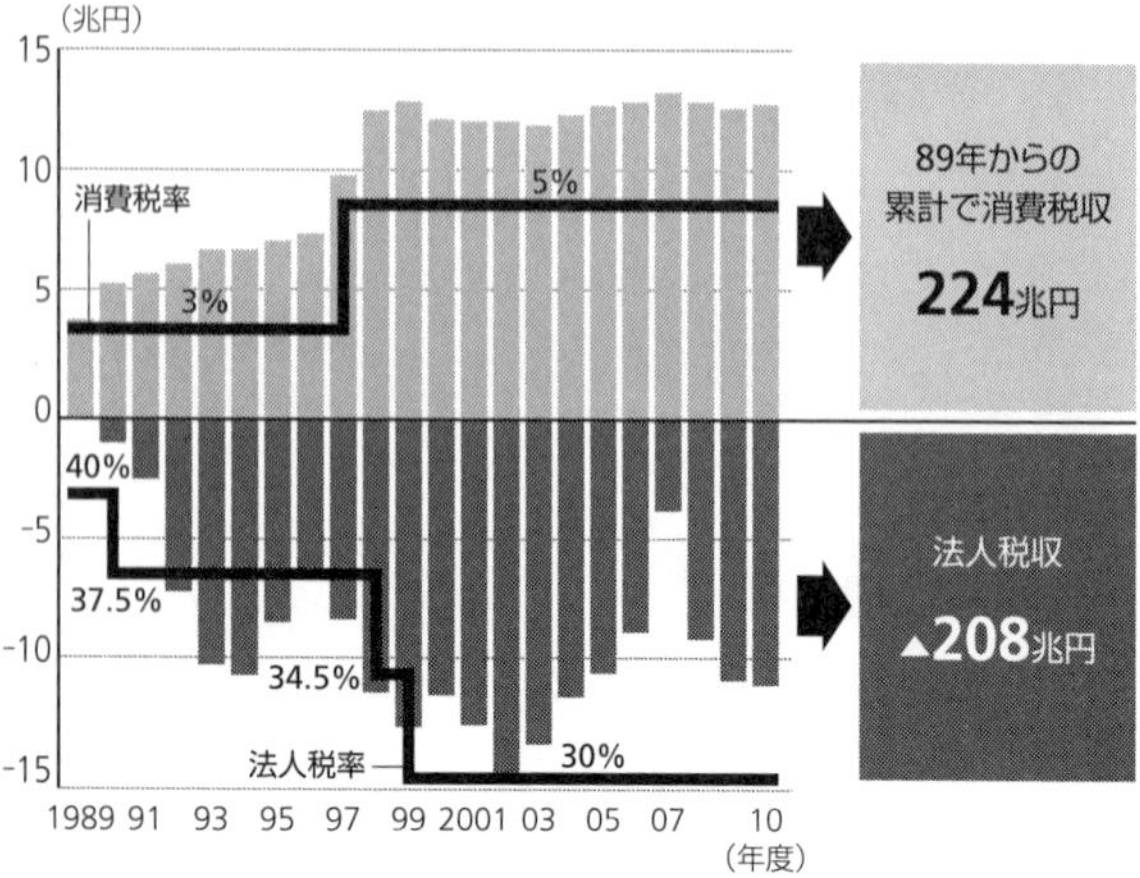

出典:消費税廃止各界連絡会

日本では消費税が上がっても、国民負担は増えている

		消費税導入以前(1988年度)	2015年度
消費税率		0%	8%
医療	サラリーマン本人の窓口負担	1割	3割
医療	高齢者の窓口負担(外来)	定額(800円)	1〜3割
年金	厚生年金の支給開始年齢	60歳	65歳
年金	国民年金保険料(月額)	7,700円	15,590円
その他	介護保険料(65歳以上)	なし	5,514円(全国平均)
その他	障害者福祉の自己負担	応能負担(9割は無料)	定率1割負担
その他	公立・公営保育所の数	13,657カ所(88年10月)	9,525カ所

※各種資料をもとに堤オフィス作成

換えにＩＭＦが要求する緊縮財政や国内インフラの民営化、金利引き上げなどの新自由主義政策をきっぱり拒否したマハティール氏の個人的人気が、92歳という世界最高齢の首相を誕生させたのだった。

外資に国を切り売りなどしない

マハティール氏は当時から、通貨危機の原因が、ヘッジファンドによる行きすぎたマネーゲームであることを見抜いていた。

１９９８年９月。マハティール首相は、危機に陥ったマレーシアから資本が逃げ出さないように、短期資本の取引を規制する。

カネがカネを生む投機型資本を排除し、マレーシアという国の未来につながる国内投資を受け入れることで、内需拡大による国の立て直しを図ったのだ。

さらに通貨を固定レートにし、金利を下げて公共事業に予算を投じることで、国内雇用を改善してゆく。

同じ時期にＩＭＦの要求で構造改革を実施したタイやインドネシアと違い、マハティール首相のこのやり方は、グローバリズムと新自由主義を信奉する勢力に真正面から石を投げるものだった。

英米のマスコミやエコノミストたちは、余計なことをしたマハティール首相を攻撃する記事を拡散し、アメリカに至っては、マレーシアがホスト国を務めたＡＰＥＣの席で、副大統領のアル・ゴア氏がマレーシア政府を批判、参加国の目の前でマハティール首相の顔を潰すという嫌がらせぶりを披露した。

だが、どんなに誹謗中傷されようとも、政治の結果は、常に歴史が証明する。

外資に国を切り売りすることを拒否し、内需主導に力を入れたマハティール首相の政策は、短期間に結果を出した。

アジア通貨危機の翌年98年に貿易収支は黒字になり、同年第４四半期にマイナス11・２％だったＧＤＰは、99年第１四半期にはマイナス１・５％に、その直後の第２四半期にはマイナスを脱却し、プラス４・８％と驚異的に回復する。

同時期にＩＭＦの要求をのんで構造改革をした韓国、タイ、インドネシアは、緊縮財政と高金利による不況で失業率が跳ね上がり、貧富の差が拡大し、政情不安を引き起こした。

３年８カ月もの間ＩＭＦ主導で構造改革をさせられた韓国は、国の資産を外資に食い荒らされた挙句、国家の主権が事実上外資に握られてしまった。

外資を株主に持つ大企業は規制緩和で潤い、そこに群がる御用学者や御用マスコミが忖度政治を支えてゆく。

その結果、一部の富裕層の資産だけが増える中で、まともに暮らせず働く場所もない若者や高齢者の自殺が年々増えるという惨状を引き起こした。

この時、外資に株を買い占められたマスコミの「報道しない自由」は、その後、米韓FTAという世にも不平等な二国間条約の内容を国民に知られずに締結する際、大きな力を発揮したのだった。

輝いていた日本を取り戻せ

2018年6月12日。マハティール首相は日本を訪れ、安倍総理と会談した。

かつて80年代の日本を見て、「皆で助け合う」日本型集団主義と勤労の倫理を高く評価し、自分さえ良ければという西洋型個人主義を見直すべきだと主張したマハティール氏は、90年に日本主導の東アジア経済会議構想を打ち出したことでも有名だ。

91年10月に香港で行ったスピーチの中で、マハティール首相はこんなことを言っている。

「日本なかりせば、世界は全く違う様相を呈していたであろう。富める国はますます富み、貧しい南側はますます貧しくなっていたと言っても過言ではない。

北側のヨーロッパは、永遠に世界を支配したことだろう」

マハティール首相の眼にこんなにも眩しく映った日本を、30年近く経った今、私たちはもう一度思い出せるだろうか。

個人主義・合理性が重要視される欧米企業と違い、会社同士は競争しても、自社の社員は家族のように面倒を見て、何かあれば大切に守る。

個人の利益より集団の利益を大切にし、真面目に一生懸命仕事に取り組む姿が美徳とされ、誰かが困っていれば手を差し伸べて「お互いさま」と言える、そんな輝いていた、日本人の精神性を。

あの頃、「日本に学べ」とアジアの周辺国にハッパをかけていたマハティール首相。

今度は私たちが、財務省の言いなりになり、右へ倣《なら》えで消費税増税に突き進む日本の政治家たちに向かって言うべき時だろう。

「マレーシアに学べ」と。

3 有機農業大国となり、ハゲタカたちから国を守る 〜ロシア

2020年までに自給率100%を達成する

アメリカが外交上の武器として位置づけた「遺伝子組み換え種子」が世界中を駆けめぐる中、

もう一つの大国は、全く逆方向からの戦略を進めていた。

2015年12月3日。ロシアのプーチン大統領は、自国議会でこう宣言する。

「ロシアは2020年までに、食料自給率100%を達成する。

我が国には自国民に十分な食を供給できる国土と水資源があるだけでなく、健康的で質が高く環境に優しい食べものを、世界中に輸出することも可能だろう。

今世界中で求められている、そういう良質な食べものを、西側諸国はずいぶん前に作るのをやめてしまったようだからな」

ちょうど前年11月に、トルコがロシア軍用機を墜落させたことへの報復措置として、同国からの農産物輸入を禁止した矢先のことだった。

だが、その西側諸国では、ロシアのような大国が完全な自足自給を果たすという考えは、まるっきりバカにされていた。

2億1772万ヘクタールと農場の面積は広大でも、それを生かせるだけの家畜の数も、技術も追いついていない。小麦の生産量一つとっても、まともな機材がないために、英独仏とは比較にならないほど小規模だ。国内の財閥は、海外投資に夢中になっている。結局、自給率を高めようとして失敗した旧ソ連の時代から、ロシアは一歩も進んでいないではないか。

だが一歩も進んでいないのはロシアではなく、西側諸国の古い先入観の方だった。

ロシア連邦貯蓄銀行によると、ロシア財閥の多くは、海外よりもむしろ、自国内で政府が力を注ぐ農業プロジェクトへの投資に熱い視線を注いでいるという。

彼らが近未来の成長産業として、最も投資リターンを期待するのは、超近代的ハイテク〈有機農業〉だ。

プーチン大統領が自給率100％宣言をした時期、ロシアの大富豪ウラジミール・イェフトゥシェンコフ氏は、持ち株会社AFKシステマを通し、農業法人「ユージヌィ農業複合体」の買収を完了する。

123ヘクタールというフットボールスタジアム2300個が入る巨大な温室は、最新技術を使った気象コントロールシステム完備の農場だ。

エルブルス山からの澄んだ雪解け水と、常に完璧に調整された気候の中で、農薬も化学肥料も一切使わないキュウリやトマトが、すくすくと育ってゆく。

プーチン大統領の掲げる〈クリーンで、健康的で、高品質〉を満たしたこれらの生鮮野菜は、ここから18時間かけてモスクワへと運ばれるのだ。

この時期90億ルーブル（約138億円）かけてロシア国内の農地を複数箇所購入したAFKシステマによると、農機具を始め、全ての設備が急ピッチでアップグレードされ、2015年には4万3000トンだった生産量を、70％増量する技術がすでに完成しているという。

他国からの技術投資も増えてきた。

カルガ地域に新たに建設された238ヘクタールの農業施設では、オランダ製の自動化装置が導入され、オーガニックのキュウリ、レタス、トマト、ハーブなどが生産されている。今後ますます拡大してゆくだろう。

ロシア政府からの農業投資補助金を受けて、国内で砂糖や畜肉を生産するロス・アグロ社は、年間30億ルーブル（約46億円）の収益を上げている。

同社は国内最大手の国有石油会社ルクオイルを超える純利益を上げ、ロシア全体の砂糖自給率は、主要輸出国となった穀物と並び、目標達成まであと一歩だ。

オーガニック農業を中心とした自給自足のフードシステムを作るために、大規模農場だけでなく、国内の小規模農家もその存在意義が見直され、政府が支援を強化するようになった。

点在する小規模農家がつながった循環型の農業共同体は、多様性を生み出し、緊急時の食の安全保障を一層盤石《ばんじゃく》にするだろう。

食を自給せよ、種子を外資に渡すな

政府が国策として食の安全保障を掲げてからというもの、ロシア国内の農業はみるみるうちに近代化し、アメリカ製の遺伝子組み換え農作物を嫌うヨーロッパなどを対象に、ハイテク有機野菜や乳製品、主要穀物の輸出国として頭角を現すようになった。

食の安全基準の厳しさにも定評があり、２０１４年７月には、モスクワの裁判所がロシアの食品安全基準値を上回る脂質や糖分、炭水化物などが使用されているとして、ロシア国内に店舗を持つハンバーガーチェーンのマクドナルド社を、安全法違反で提訴している。

ハイテク有機の穀物や野菜が波に乗り、周辺国の食糧供給チェーンに食い込んだ手応えを感じたら、次に手中に収めるべきものは一つしかない。

２０１７年７月。プーチン大統領はこう言った。

「我が国の農業は、成長産業として順調に伸びてきた。だが、いまだに〈種子〉を外国からの輸入に依存している。我が国の食の独立を阻む状況を、このままにしておいてはならない」

広大な農地を持ちながら、ロシアは５８０億ドル（約５兆８０００億円）という世界４位の種子輸入大国だ。

例えば砂糖・甜菜は80％、トウモロコシは53％の種子を、モンサント社やシンジェンタ社などのグローバル種子企業から買っている。

ルーブル安や原油価格の落ち込みに加え、周辺国から経済制裁までされているロシアにとって、自家採種ができない外国企業の特許付き種子を毎年買わねばならないのは、大きな負担だった。そしてまた、種子を外資に依存すれば食の安全保障を守れなくなる。

核戦争では兵器の数で僅差《きんさ》でも、種子という生命源を西側に奪われれば、種子戦争での敗北が目に見えない侵略につながってゆくだろう。

ロシア政府は、そのことをよくわかっていた。

「我々ロシア人は、誰にも依存しないレベルへと、前進しなければならない」

チェクマレフ農務省穀物局長の言葉と、新興財閥のトップたちが財布の口を開くのとは同時だった。

トウモロコシや大豆、甜菜や小麦など、全ての種子の国内自給を前提に、その開発と遺伝子研究センター建設の5億ルーブル（約9億円）プロジェクトに取り掛かったのだ。国内の種子企業はフランス企業と連携し、トウモロコシや菜種、ひまわりの共同種子開発が始まった。

ハイブリッド種子開発で、グローバル企業の支配に対抗する

農薬に耐性を持ち、害虫に抵抗力を持つよう遺伝子操作された外国企業の特許付き種子は、本当に、その土地で開発される種子より優れているのだろうか？

少なくともロシア食品大手ロス・アグロ社のモシュコビッチ社長の目には、遺伝子組み換え種子を売り込むそれらの企業広告は、それほど魅力的には映らなかった。

そもそもロシア政府は、人体や家畜への健康、生物多様性や環境に悪い影響を与えるリスクを懸念して、遺伝子組み換え作物自体に否定的なスタンスをとっている。

安全性に疑問符がつく遺伝子組み換え作物よりも、ロシアという土地の風土や気候条件に合った地産地消の種子の方が、完成まで10年かかったとしても、害虫に対する抵抗力も強く、結局は穀物の収穫量を何千万トンも増やすだろう。

そう信じたモシュコビッチ社長は、遺伝子操作ではなく、他の品種との交配を繰り返すことで同じ特徴を出すための、ハイブリッド種子開発に着手した。

本当に良いものができるまで試行錯誤を繰り返し、市場に出してから安定するまで、まだまだ時間がかかるだろう。

だが長い目で見れば、国民の健康を守り、環境を脅かさず、経済的にも安上がりで、食の安全保障も維持できる国産非遺伝子組み換え種子に、ロシアは未来をかけることに決めたのだ。

天然資源と広大な農地を持つロシアで、持続可能な経済モデルを目指すプーチン大統領は、農業だけでなく、エネルギーや教育、住宅など、国民生活に直結する分野を「優先的国家プロジェクト」として強化するよう取り組んでいる。

食をめぐる新しい冷戦構造の中、各国が猛スピードで新しい配置につくのが見えるだろうか。

4　巨大水企業のふるさとで水道公営化を叫ぶ　〜フランス

水道を民間企業に任せるのはもう限界

2009年。

グローバル水企業ヴェオリア社とスエズ社の本拠地、水道民営化のパイオニアと呼ばれるフランス・パリで、ついに25年間続いた水道事業の民間委託に終止符が打たれた時、世界中の自治体に大きな衝撃が走った。

もう限界だった。

民営化以来、パリの水道料金は倍以上に跳ね上がり、悪くなる一方のサービスに住民の不満が止まらない。

財政は不透明な上、水道管工事は同社傘下の子会社が受注するために競争が存在せず、費用は常に割高だ。相場より高額のリース料を市に請求しながら、水道管などの設備投資積み立てにはろくに資金が回されず、設備の老朽化がどんどん進んでゆく。

形態は、自治体が水道の所有権を維持したまま、運営を全て民間企業に委託する「コンセッション方式」（日本政府が推進中の手法だ）だが、経営や料金設定、投資の仕方など全ての決定権はヴェオリア社とスエズ社にあり、市民には何の情報も与えられなかった。

爆発寸前の市民の不満をすくい上げた新しいパリ市長候補が、「水道再公営化」「任期中は水道料金値上げなし」を公約に掲げ、当選した矢先であった。

市はまず25年前に両社に売却した水道事業の株式を買い戻し、市が100％出資する「パリの水公社」を設立、2010年1月から、パリの水道を正式に公営に戻すことを決定する。それまで両社が収益の3割を溜めていた内部留保分、水道料金に上乗せされていた役員報酬と株主配当、法人税分の出費3500万ユーロ（約45億円）は、全て水道サービスと水道設備のための再投資にあてられることになった。

公営化されたことで、外から見えなくなっていた財政内容や投資計画なども全て市民に公開され、パリの水公社はこの結果、約45億円のコスト削減を達成している。

この事態が各地に飛び火するのを恐れたヴェオリア社とスエズ社は、慌ててEU議会に、〈契約解除は不当であり、パリ市は再度民営化すべきだ〉と訴えたが、すでに後の祭りだった。

その後世界各地の自治体がパリ市の水道再公営化を成功例として次々に後に続き、今もその数は増え続けている。

2児の母でパリの法律事務所で働くカミーユ・マルタン氏は、そもそも住民の命に関わるインフラ運営を民間企業に任せることに矛盾があったと語る。

「企業が第一に守るべきものは、株主と四半期利益です。

公共資産である水道を民営化すれば、株主報酬や法人税を水道料金に上乗せし、利益を出すために水道設備更新の工事などは、極力後回しにするでしょう。

災害があれば、採算の取れない地域がまず真っ先に切り捨てられる。

でもこうしたことは、企業運営としてはごく当たり前のことですよね。生命や暮らしに欠かせない水道は、安く提供し続けるために〈儲けなくていい公営〉にしておかなければならないってことに、パリ市民がようやく気がついただけ。払った代償は高かったけれど、本当に良かったと思います。これ以上民間委託を続けていたら、もっと痛い目にあったでしょうから」

「それに」とカミーユはメガネの奥からニッコリと微笑んだ。

「水道の再公営化は、単に料金や設備が安心できるものになったこと以上のメリットを、市民生活にもたらしました。私たちは、水道という自分たちの住む町の重要な生命インフラについて、今までずっと人任せにしてきた。フランス人は文句を言うばかりで、自分たちに責任があるなんて夢にも思っていませんでしたからね。まあ実際悪いのはヴェオリアやスエズで、私たちのせいでは全くないですけど。でも今回のことで、自分たちが住む街の水道がどんな風だったら良いか、と初めて真剣に考えて、そこに自ら参加するようになったのです」

パリ市が水道を再公営化する際に、いくつか決めたことがある。

まずは運営の民主化だ。

今までのように運営を地方自治体だけに丸投げするのではなく、市民も生活に必要な水道事業について、当事者として責任を持つこと。そのために自治体代表と同等の議決権を与えられた市民社会の代表が理事会メンバーになり、決定に参加すること。

そしてもう一つは、水道事業の運営をチェックする第三者機関に市民が参加し、水道料金や投資、使用する技術の選別などの重要決定に参加することだ。

この時、最も重要なポイントがある。監査機関は、徹底的な情報公開をしなければならない。

水道再公営化がもたらした民主主義

市民による第三者機関である「パリ監査組織」が設置され、再公営化後の水道事業の運営に当事者たちが参加する際に、大きな力になった。

「パリ監査組織」には、自治体議員、環境・消費者団体、企業や住宅管理団体、公的機関代表や警察、研究機関など、様々な層が参加し、ワークショップや各種イベントを通して情報を共有しながら自由に意見交換をする。そこで出された意見はパリの水公社の運営に反映され、結果は全て公開されて、再び市民のもとに届けられる仕組みだ。

水道の再公営化をきっかけに、他にもたくさんの市民参加型システムが誕生し始めた。

経済的困難から水道料金を滞納している家庭には、地方自治体の資金を元に立ち上げた「連帯基金」から、料金の3分の1が補助されるようになった。

市の設備投資予算の1割を、市民が提案する設備にあてる「市民参加型予算」も設けられ、パリ市内40カ所に、新しい噴水が設置されてゆく。

せっかく再公営化したのだから、水そのものの質も高く維持したい。

そういう市民の提案で、水質維持のために有機農業をやる農家を支援し、通常の農家には農薬使用量を減らす働きかけを行うことになった。

水源を汚染から守るため、水源地の周りの土地はパリの水公社が買い上げ、植林をするなどして環境を維持するプロジェクトが開始される。

また、地下水からくみ上げた温水を利用した地熱発電に取り組み、その温水を、現在同市が再開発を進める「エコ地区」で、家庭用に提供する計画が進み始めた。

パリのように、水道を再公営化することで他の分野の公共サービスも民主的な変化を起こした自治体が、フランスにはいくつもある。

ブリアンソン市は水道再公営の時、同じく民間に委託していたゴミ回収事業も民間との契約をやめて、公営に戻すことを決定した。その際、民間委託していた時に高い水道料金に散々苦しめられた苦い経験から、コストを下げるためにゴミはできるだけ出さないようにしようと、市民全体で意識を変えたという。

それはやがて市の「ゼロゴミ政策」として正式に導入され、コスト削減とサービスの充実の2つを実現する。これによって自信をつけた市民は、次のプロジェクトとして地域の電力公社を立ち上げたのだった。

市民が集まった組織が運営するのではなく、会社を立ち上げ再公営化を成功させた国もある。

フランスと同じく、3大水メジャー本拠地の一つであるイギリスのウェールズでは、自分の地元を愛する投資家が、大枚をはたいて非営利の責任有限会社（CLG）である水道事業「グラス・カムリ」を設立した。

一般的な会社と違い、出資者は役員になるが、出資した金額分だけ責任を持つというスタイルで経営し、株主も利益配当も一切存在しない。

利益は再投資に回され、利用料金の値下げなどを通して住民に還元されるため、投資目的の株式会社とは対極にある形態だ。

だが会社という形なので、普通の企業と同じ土俵で、欲しいものを手に入れることができる。グラス・カムリ社は米資本のウエスタンパワーディストリビューション社を買収し、ウェールズの水道事業運営権を取り戻すことに成功した。資産担保証券で資金を調達し、インフラ管理などは極力アウトソーシングしてコストを抑え、経営を安定させている。

同社の成功例は、水道という公共インフラを、非効率で財政難の行政に任せるか効率はいいが利益重視の民間に任せるかという、二極化した嚙み合わない議論に終止符を打った。

効率化とサービスの向上は、民営化せずとも十分に実現可能なのだ。

5 考える消費者と協同組合の最強タッグ
～スイス

自分たちの食料は自分たちで守れ

2017年9月24日。

スイス国民は憲法を改正した。

新しく書き加えられたのは、先進国では初めての「食の安全保障」だ。

国民投票の投票率は46・4％。賛成78・7％、反対21・3％と、準州を含めた全26州で、賛成が上回る結果となった。

3年前に中国との間でFTA（二国間貿易条約）が結ばれ、続いて南米との間でも現在FTA交渉が進んでいる。関税が下げられれば、外国から安い輸入品が流れ込んでくるのは避けられない。

ただでさえ人件費が高く、農家の数も減っているスイスでは、政府が国内農業を手厚く優遇し、消費者は外国製品より割高な国内農産物を買うことで、自国産業を支えていた。

だが、これを面白く思わない西側諸国のマスコミは、スイスのやり方を「時代錯誤だ」「閉鎖的だ」「グローバル化に逆行する」「もっと自由化して国民に選択肢を与えるべきだ」などと繰り返し批判し、スイスに自由化の圧力をかけていた。

一度自由化を受け入れてしまえば、よほど国がしっかりしていない限り、なし崩しに国内産業が崩されてゆくだろう。農業はスイス人の食糧だけでなく、環境や水資源、国境の安全を守る大切な第一次産業だ。外国に食い荒らされる前に、手を打たなければならない。

自由貿易による自国産業の弱体化を警戒した農家は立ち上がり、国民に呼びかけ始めた。わずか3カ月で15万人の署名が集まり、ついに、農家主導の国民投票が実施されたのだった。

人口800万人台のスイスでは、10万筆の署名を集めれば、法的に拘束力のある国民投票が行われ、政府は投票結果に従わなければならない。

その結果に沿って憲法改正も頻繁に行われるため、国民は常に主権者であることを意識させられるのだ。

今回、憲法に書き込まれた食の安全保障は、スイス国民への安定した食糧供給を維持することや、農地を保全し、その地域の資源が最も生かされる形で食料を生産すること、フードロスを減らし、国際貿易は農業を持続可能な形で維持するように行うことなど、農業だけでなく、フードサプライチェーン全体に及ぶ内容だ。

食に関する国民投票にこんなにも国民の関心が集まった背景には、スイス国民独自の食育と、協同組合のたゆまぬ努力があった。

食育が国防意識を育てる

食を外国に依存するようになれば、経済的に恵まれているスイスのような国でも、外交交渉で不利になる。国防意識が高いスイス国民は、そのことをよくわかっているからこそ、大人だけでなく子供たちへの「食育」も熱心だ。

なぜ国産農産物を守らなければならないのか。

農家を守ると、スイスの美しい景観や気持ちの良い環境が守られること。

地産地消が共同体を守る仕組みについて。

そういう教育を受けた子供たちは当然のように、食料品店では高くても国産品に手を伸ばす。

チューリッヒ在住で3人の子を持つ栄養士ルカ・シュミット氏は、地元で採れたものを家族で食べることが、子供たちに自分の国を自分で守る、国防意識の入り口になるのだと語る。

「その地域に住む、顔が見える生産者から買うことは、子供たちにとって食卓の卵やミルクや野菜との距離を変えるのです。

ミュラーさんのパン、マイヤーさんのキャベツ、フーバーさんの卵とチキン、という具合にね。

時には作った人が、子供たちにその食材の美味しい食べ方を直接教えてくれることもあります。

食事をしながら、その人たちから買うことで、綺麗な畑も牧場も、鶏たちも守ることになるのだと、家族みんなで話すんです。農業は、単に食べ物を提供するだけではありません。環境立国のスイスにとって貴重な資産である景観や水、土地や国境という、スイス国民の安全保障をあらゆる方面から支えている、本当に大事な産業なのですから。

子供たちがそれを学ぶことで、彼らの中に、誇りと愛国心が育ってゆくのがわかりますよ」

国民の8人に1人が生協に加入

地産地消と小規模農家を守るためには、彼らが熾烈な価格競争に巻き込まれない環境を提供する、協同組合の存在が欠かせない。

スイスでは、国民の8人に1人が生協の加入者だ。

人口わずか833万人の国で、1975年時点の組合員が100万人を超えている。

そこまで協同組合が信頼されている最大の理由は、徹底的に国産の農産物を扱うからだ。

わずか0・7%の農業人口が作る農産物を守らなければ、イタリアやフランスなど周辺の農業大国から入ってくる安い農産物に負け、国内の生産者はすぐに潰されてしまう。

前述した栄養士のルカ氏のように、多くのスイス国民にとって食べ物は「安ければいい」というものではなく、自分たちの小さな国を守るための「安全保障」とみなされている。

国産品が並ぶミグロ／©Shutterstock

大手スーパーのチェーン店が入ってきて見えない価格競争を仕掛けることについて、警戒感が強いのはそのためだ。
スイスには、小売業全体の売り上げの半分以上を占める大規模な2大生協がある。
2001年に単一生協となったコープスイスと、1925年に創業した後、1941年に株式会社から協同組合に転換し、80年代に国際協同組合連盟から「世界で最も成功した協同組合」と称えられたミグロだ。
どちらも従業員に正当な賃金を支払い、一部の者の利益ではなく、社会全体の利益をゴールに掲げている。

ミグロのように、株式会社が協同組合に転向するケースは世界でも珍しい。

創業者のドゥッティ夫妻は、経営者の利益より社会全体の利益を目指したいという思いから、会社を生協という形態にした。

国内の流通の7割を占めるこの2大生協は、スイス最大の雇用主であり、世界規模でみると、約1億人が協同組合で就労している。

ＩＬＯ（国際労働機関）のデータによると、グローバル企業より協同組合が雇用する方が、雇用は20％増えるという。

金融危機でも生き残る最強の協同組合

スイスの3大銀行は、世界トップのクレディ・スイスとＵＢＳ、そしてライフアイゼン協同組合銀行（ライフアイゼンバンク）だ。株主ではなく、地域の組合員に共同で所有されているライフアイゼンバンクは、顧客重視の経営をモットーにしている。

株式会社と違い、常に顧客兼オーナーである地域住民が監視しているために透明性が保たれているこの銀行は、２００８年の世界金融危機で他の銀行が大きな打撃を受ける中、唯一ビクともしなかった。

その結果、マネーゲームで顧客の貯金に手をつけた民間銀行に不信感を持った10万人近い顧客が、先を争うようにして口座を解約し、ライファイゼンバンクに殺到する。

民間銀行から移された毎月10億フランという大金が、ライファイゼンバンクの安定経営をさらに盤石なものにし、それ以来、人口820万人中370万人の顧客を抱えるメガバンクに成長したのだった。

持ち株数の多い者が力を持ち、企業利益の最大化をゴールとする株式会社とは対照的に、預金の残高に関係なく1人1票の議決権を持ち、民主的なやり方で経営方針を決めてゆく。

リーマンショックから派生した世界金融危機で明るみに出た、「今だけカネだけ自分だけ」の銀行幹部によるマネーゲーム。

その犠牲になり、多くのものを失った人々にとって、協同組合という形態は、新しい未来を照らす一条の光となったのだった。

現在スイス国内にある協同組合の数は9600。人口が10倍以上のドイツ（全協同組合数7500）をはるかに超える、協同組合大国となっている。

ちなみに日本はどうだろう？　実は国民が思っている以上に、協同組合は私たち日本人の生活を支えている。全国の組合員数は6500万人、全人口の4人に1人が共済に加入し、全世帯の37％が生協を利用している。全国3万5600カ所に店舗や施設を構え、16兆円という事業高を誇り、地方を中心に医療や介護、福祉に保育、保険や銀行やガソリンスタンドなど、生活になくてはならないサービスを安く提供しているのだ。

600兆円という農協資金を狙うウォール街や、3800万人の共済加入者が欲しい外資保険会社は日本に農協解体の圧力をかけ続けているが、農協が解体されれば日本の地方は「生活そのもの」が崩壊してしまう。

2018年4月。「日本協同組合連絡協議会」は、農協や生協や漁協など、日本国内の全ての協同組合をつなぐ「日本協同組合連携機構」を立ち上げた。あらゆるものを「商品」にする「今だけカネだけ自分だけ」のビジネス論理の対極にある「協同組合」は、今後私たちが売られたものを取り返し国の未来を守るための、重要なツールになるだろう。

韓国でも農業の公共価値を目指す改憲運動

同じ頃、1万キロ以上離れた韓国でも、農業の価値に光を当てた力強い動きが起きていた。

2017年5月。憲法改正を公約に掲げた文在寅《ムンジェイン》大統領が当選すると、農業関係者200万人からなる韓国の農業団体は、素早く行動を開始する。

狙いは、憲法に「農業の公共価値」を位置づけることだ。

農協職員10万人が各地の農業・畜産協同組合への呼びかけを始め、5000店舗のネットワークをフルに活かして全国各地を飛び回り、一般国民に農業の公共価値を知らせる大キャンペーンを展開する。

スローガンは「農業の価値・憲法反映」。ビジュアルからもアピールするために、農協が各地の村の古民家をリノベーションして、賞金付きの「美しい農村自慢大会」を開催した。もともと世論調査でも7割の国民が「農業の公共価値は高い」と答えている韓国で、1000万人を目標にした署名はどんどん集まってゆく。

憲法改正を呼びかける署名をする韓国の農協関係者／出典:韓国農民新聞（2017年11月1日付）

5月に大統領が提出した改憲案は、同時期に浮上した南北統一問題などのタイミングから、野党の欠席で票数が足りずに採決自体が無効になった。

だが法案には「農業の公共的価値」がしっかり盛り込まれているので、条件が整えば、すぐに実現するだろう。

90年代後半のアジア通貨危機で、ＩＭＦが融資条件に要求した構造改革に米韓ＦＴＡが追い打ちをかけ、国内の公共財産がこれでもかとばかりに民営化され外資に吸い上げられ、格差と貧困が深刻化した韓国。だが新自由主義の対極にある、小規模生産者や協同組合という存在を核にして、奪われた資産を取り戻そうとする国民が新たなうねりを起こしている。

TPP、FTA、EPA、TiSA（新サービス貿易協定）やRCEPなど、あらゆる自由貿易の嵐が吹き込んでくる今、〈平等と公正、連帯と民主主義〉という協同組合の礎《いしずえ》であるその精神を守るという決意を、スイスや韓国の市民は新しい憲法に込め、引き続き育ててゆくだろう。

それは2019年にいよいよ憲法改正が現実味を帯びてくる、日本の私たちに教えてくれる。憲法は目的ではなく、方法論だ。そこに息を吹き込むのは、私たち一人ひとりが自ら描き、次世代に手渡すと決めた未来のイメージなのだと。

6　子供を農薬から守る母親たち　～アメリカ

「なぜこんなに食物アレルギーで死ぬ子が多いんでしょう？」

「この国では、なぜこんなに食物アレルギーで死ぬ子が多いんでしょう？

ここアメリカでは子供の12人に1人が何らかの食べ物にアレルギーがあり、3人に1人が肥満児で、6人に1人が学習障害、20人に1人が発作性の疾患を抱え、68人に1人が自閉症。ちょっと異常だと思いませんか？」

全米各地の母親たちが遺伝子組み換え食品を拒否する運動「マムズ・アクロス・アメリカ(Moms Across America)」の創設者であるゼン・ハニーカット会長が、スカイプとユーチューブの画面からそう語りかける。

彼女たちが世界中の母親たちに呼びかけるのは、「農薬と遺伝子組み換え食品」からの覚醒だ。

日本におけるアレルギー疾患の増加

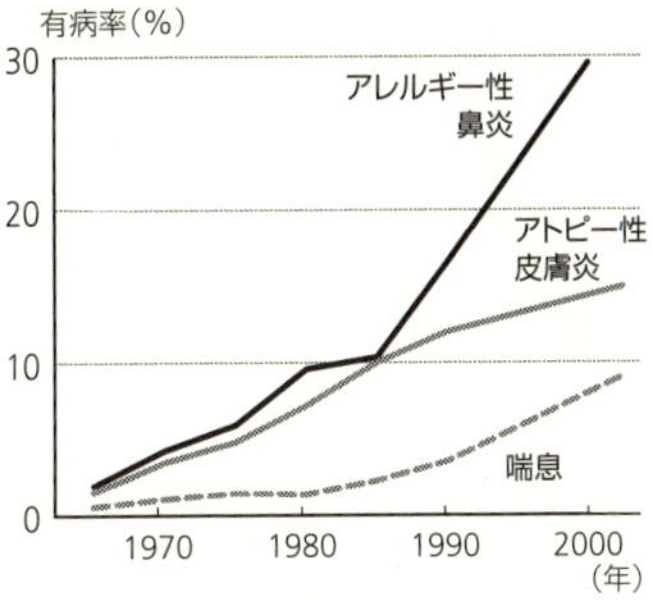

出典:日本健康増進支援機構　榎本雅夫氏作成

食べ物とアレルギーについての研究機関「Food Allergy Research and Education (FARE)」の調査によると、現在アメリカの食物アレルギー人口は1500万人、うち600万人が18歳以下の子供だという。

この傾向は欧州にも広がっており、ヨーロッパでは食物によるアレルギー反応でER(救急治療室)に運ばれる子供の数が過去10年で7倍に急増、ここ日本でも2005年には3人に1人だったアレルギー人口が、2011年には2人に1人に増えている。

ゼン氏自身はアレルギーなど全くない健康体だったが、彼女の息子たちは様々な症状に苦しんでいた。

感謝祭の食事の最中にピーカンナッツを食べた長男は、発作を起こして危うく死にかけ、次男は自閉症だ。

〈アレルギーの遺伝はないはずなのに、一体なんで息子たちはこうなったのだろう?〉

悩んだゼン氏は、ある時ふと、子供たちが食べている食品について調べ始める。その時初めて、アメリカの食品の80%、加工食品の85%に遺伝子組み換え原料が含まれていると知った。

「遺伝子組み換えについては全くの無知でした。

種類も3つあるんですね。

作物そのものに殺虫成分が組み込まれているもの、除草剤をかけても枯れないもの、都合の良い特徴を出させるために特定の遺伝子をオンやオフにしたもの。スーパーで買う遺伝子組み換え作物の8割が2つ目の除草剤耐性なので、そこで使われる農薬についても調べました」

食事を変えてグリホサートを息子の体内から除去

ゼン氏が調べたのは、小麦の収穫時や抗菌剤などによく使われる「グリホサート」だった。

EPA(米国環境保護庁)のデータでは、腸内の善玉菌を殺し、食べたものの栄養を体に取り込めなくすると書いてある。動物実験では発がん性も指摘されていることを知ったゼン氏は、自分が何も知らなかったことに大きなショックを受けたという。

ゼン氏はまず遺伝子組み換え食品を買うのをやめ、農薬を極力使わないオーガニック食材に切り替えた。すると、まず長男のアレルギー症状が消え、ピーカンナッツを食べても何ともなくなった。

だが市民の検査所に125ドル払ってグリホサート農薬の体内残留値を調べたところ、遺伝子組み換え食品を食べていなかった次男の尿から、EUの環境団体が設定した基準値の4倍のグリホサートが検出される。

驚いて息子を病院に連れて行き、詳しい検査をしたところ、今度は腸内にカンジダ菌が見つかり、さらに19種の食品に対して耐性がないことも発覚した。

小麦アレルギーの長男と違い、次男は小麦製品をよく食べていた。

〈これはきっと、小麦に振りかけられた、グリホサートが原因だ〉

そう確信したゼン氏は、日常生活からグリホサートを徹底的に排除し、家族にはオーガニック食材に加えて、発酵食品を積極的に食べさせてみた。

その結果、次男の体内のグリホサートは1カ月半で不検出になり、下痢などの症状も治まったのだった。

子供を思う母親の調査能力はFBI並み

〈これはもしかすると、大変なことが起きているのではないか〉

ゼン氏はゾッとした。

アメリカには遺伝子組み替え食品の表示義務がない。消費者はどの食品が遺伝子組み換えなのかわからないまま、農薬とセットで知らないうちにそれらを食べているのだ。

以前の自分と同じように、食べているものが体を作るという事実に無知で無関心な母親はごまんといる。

彼女たちに今すぐ知らせなければならない。

家族の食事の85%は、母親が選んでいるのだ。

ゼン氏は早速「マムズ・アクロス・アメリカ」という団体名でサイトを立ち上げ、フェイスブックやスカイプ、ユーチューブなどで全米の母親に呼びかけ始めた。その反応は思った以上で、各地から同じような体験をしたという母親が次々に集まってくる。

だが、いくら遺伝子組み換え食品や農薬が危ないと訴えても、長期で摂取した場合の影響を調べた科学的なテストデータが存在しないことが、相手を説得する際のネックになった。何よりも、販売元のメーカーと、彼らに忖度した行政が拡散する「安全だ」という主張の方が、一般消費者にははるかに影響力がある。

よろしい、ならば少なくとも消費者の権利である「選択肢」を取り戻そう。

ゼン氏と団体の仲間たちはネットの力で各州の母親たちをつなぎ、2013年7月4日の独立記念日に、全米173カ所で「遺伝子組み換え食品の表示を求める」デモを組織することに成功した。

同団体サポーターの1人である、カリフォルニア州在住のラウラ・アッカーソン氏は、ネットサーフの最中に、たまたまユーチューブでゼン氏の動画を見て興味を持ったという。

遺伝子組み換え食品の表示を求める母親たち
出典：Greenamerica.org

「夫がずっと慢性の腸疾患を抱えており、娘は赤ん坊の頃からひどいアトピーでした。

この動画を最初に見た時は半信半疑でしたが、試しに食べ物を変えてみたところ、2人とも症状が劇的に改善したのです。34年間生きてきて、今まで食べ物がどうやって作られているか、どこから来たかなんて、一度も考えたことがなかったんですよ。

今では娘の学校のお母さんたちに呼びかけて、食べ物と健康についての勉強会を開いたりしています」

「周りの人々の反応はどうですか？」

「母親たちや、女性は結構理解が早いですが、女がうるさく騒いでる、と嫌がられることもあります。フィラデルフィアに住む私の父は、なかなか信じてくれません。私を非科学的でナイーブだと言うんです。農薬も遺伝子組み換えも、ちゃんとアメリカの行政が検査して安全が確認されているんだから、と。

でも行政に農薬メーカーや遺伝子組み換えの種子企業の人間が入り込んでいることや、他国の第三者機関が調査したデータを見せて辛抱強く説明していくうちに、最近はあまり批判しなくなってきました。父は会計士なんですが、私が出してくる資料を見て、これはどこで見つけた数字なんだ？　と聞いてくるようになったんですよ」

「データの内容をですか？」

「はい、どこでこんなに調べて来たんだ？　と、そっちの方にびっくりしているみたいです。主婦をしている娘が、そんなことできるわけないと思っていたみたいで。

でも、毎晩体をかきむしる娘がかわいそうで、なんとかしてやりたいと思ったから、死に物狂いで勉強したんです。近くの農家に行って直接話を聞いたり、このテーマに詳しい学者の講演会に参加したり、普段は読まない本も、何冊も読みました。

子供を思う母親の調査能力はすごいですよ、それこそＦＢＩ並みですから」

妄想に取り憑かれた母親たちのヒステリー

だが多くの運動がそうであるように、マムズ・アクロス・アメリカの活動が知れ渡ってくるにつれ、逆側からの誹謗中傷が増えてきた。

妄想に取り憑《つ》かれヒステリーになった一部の母親たちが、何も知らない母親たちに恐怖を植えつけ、誠実に仕事をしている農家や、安心安全な食べ物を提供しようと日々尽力しているメーカーに風評被害を与えている、というものだ。〈非科学的なプロパガンダ〉だという批判や、〈主宰者（ゼン氏のことだ）の売名行為〉だという中傷がネットや学校に拡散される。

「分断されないで、諦めず、一人でも多くの母親たちに事実を伝え続けましょう」

ゼン氏は仲間にそう呼びかけ、各地の母親とのミーティングをユーチューブで公開しながら、活動をアメリカだけじゃなく、世界にも広げていった。

食べ物を変えたことで息子の自閉症が治ったというフィリピン在住のある母親は、ゼン氏と意気投合し、マムズ・アクロス・アメリカのフィリピン支部が結成された。

一方、遺伝子組み換え成分表示に抵抗するモンサント社は、２０１８年５月にようやく独バイエル社との合併が正式承認されたことで、株価も６・５％上昇し、ホッと一息ついていた。

欧州委員会の反トラスト規制当局にはかなりしつこく調査され、各国の環境団体や消費者グループは大規模な反対キャンペーンを展開し、仏ル・モンド紙はグリホサートの発がん性を大々的に報道、バイエル社のあるドイツでも大規模な抗議デモが起きた。

どうなることかと思ったが、買収元のバイエル社が、農薬部門の一部を別の企業に切り売りすることを条件に、なんとか承認をとることができたのだ。

これで農薬・種子市場では27％のシェアを手に入れ、世界でも圧倒的な地位が約束される。消費者がうるさいヨーロッパでのセールスは難しくなるだろうが、今後は食品表示のないアメリカや日本を中心に、「グリホサートと遺伝子組み換え種子」のセット販売を精力的に展開してゆく予定になっている。

なにせこの2つにはまだまだ需要があり、今後も巨額の利益が見込めるのだ。

その目論見は、それからわずか3カ月後に、思いもよらぬ方向から、大きく揺さぶられることになる。

がん患者に訴えられたモンサント社に320億円の賠償命令

2018年8月10日。カリフォルニア州で、世界中のバイオ企業群を震撼《しんかん》させる判決が出た。学校の校庭整備をしていたドウェイン・ジョンソン氏が、モンサント社を相手取り、同社のグリホサート系除草剤でがんを発症したとして提訴していた裁判で、勝訴したのだ。

サンフランシスコ裁判所の陪審員は全員、ジョンソン氏のがんは勤務中、校庭整備に使用した同社製品が直接の原因であり、然るべき警告を怠ったとして原告に2億9000万ドル（約

３２０億円）の賠償金を支払うべきだという結論で一致した。

モンサント社は即反論し、「同製品は40年以上安全に使用されてきたものであり、農業関係者に恩恵をもたらしている」と主張、上訴する意向を固めた。

ＷＨＯが、「発がん性の可能性」があるカテゴリーに分類しているグリホサートが、子供たちがいる学校の敷地内で日常的に使用されていることや、米国内での使用量が１９７４年の36万kgから２０１４年には１億１３４０万kgに拡大していることなど、テレビを見ていた米国民たちは、お茶の間で初めて知るこの事実にびっくり仰天した。

担当弁護士と抱き合うジョンソン原告（左）と後ろに立つケネディ弁護士／©AFP＝時事

実はバイエル社がモンサント社を買収した時点で５２００件あったグリホサート農薬についての訴訟件数は、この裁判の模様がネットなどで拡散されるにつれてどんどん増え、モンサント社の敗訴判決が出る直前の７月末時点では、なんと８０００件に膨れ上がっていた。
ＢＢＣは今回の判決をきっかけに訴訟数がさらに膨れ上がり、1万件を超すだろうと予測、バイエル社が新規に立ち上げた種子科学部門担当者は、「グリホサートは安全性が確認されており、世界中で需要がある」と強気だったが、同社の株価は判決当日だけで、一気に10％下落している。

今回の裁判プロセスが世界中に明らかにしたことは、企業と学者の間の不適切な関係と、公文書化された嘘や隠蔽が堂々とまかり通るという、行政の歪んだパターンだった。

WHOの評価を覆《くつがえ》す証言をしていたマクマスター大学健康医療科の毒物専門学者が、実は一度もグリホサートの安全性を研究したことがない上に、モンサント社に謝礼をもらっていたことや、ハーバード大学の腫瘍疫学者が、グリホサートの安全性を主張する見返りに同社から10万ドル（約1000万円）受け取っていたことなどが、裁判を通じて暴露されたのだ。

そして何よりも、アメリカのEPAや欧州のEFSAなど、国民の命と安全に奉仕するべき立場の行政が企業に忖度し国民に背任行為をしていたという事実は、アメリカや欧州だけでなく、世界の多くの国々で、デジャヴをもたらしたに違いない。

この間ずっと、それと同じ光景を見せられている、私たち日本国民にも。

ロサンゼルスの食品ジャーナリスト、サンディ・マクドゥーウェル氏は、この評決についてこんなコメントをした。

「株主利益を最優先して企業が倫理を失うケースは珍しくないけれど、それが世界規模の企業だった場合、国境を越えて大勢の人たちや環境を危険にさらすリスクがあるんです。つまり私たちは、そういう時代に生きている。だから市民は受け身でいてはダメ、自分の頭で考える消費者になることが、唯一巨大企業の暴走にブレーキをかけられるのだから。

政府や御用マスコミの言うことを鵜呑みにせず、何かおかしいと思ったら、ちゃんとその違和感を口に出さなくちゃいけない。行政が舐めたことをするのをそのままにせず、こっちが税金で雇っているんだってことを思い出させるのも私たち市民の大事な仕事です。

今回の評決は、私たち米国民にとって大きなきっかけになるような気がします。これまで散々儲けてきた、食品業界の幹部たちにとってもね」

サンディの言う通り、アメリカの食品業界はこの評決によって大騒ぎになっている。

8月27日。シリアルメーカー大手のゼネラル・ミルズ社は、自社のグラノラバーの表示から「100％ナチュラル」の文字を削除することを発表した。

「虚偽」が利益でなく損失になることを身をもって示したのは、末期がんと闘いながら、黙って死ぬことを拒否し立ち上がった、一人の男性の勇気ある行動だった。

それが同じように違和感を持っていた多くの人々を共鳴させ、自分たちが消費者として持っている、巨大企業を動かす力に気づかせたのだ。

故ケネディ大統領の甥であり、裁判で原告のジョンソン氏をサポートした環境弁護士のロバート・F・ケネディ・ジュニア氏は、この判決について記者会見でこう語っている。

「この判決はジョンソン氏のためだけじゃない。利益のために公益を守るという使命を忘れた、政治家と公務員と科学者たちに対するジャスティス（正義）だ。

そしてまた、そうした腐敗がはびこったこの国で、陪審員制度という民主主義のツールの一つがまだちゃんと機能しているんだということを、今日改めて確信できて嬉しく思う」

バイエル社（モンサント社）が今後抱えるだろう膨大な数の訴訟についての発言はこうだ。

「今後この件で怒濤《どとう》のようにやってくる訴訟の数を考えたら、バイエル社（モンサント社）はさぞかし頭が痛いだろう。何しろ今バイエル社（モンサント社）を訴訟するために準備中の案件は、自分の知っているだけで、少なくとも5000件はあるからな。自社の〈アスピリン（バイエル社製の有名な鎮痛剤）〉を飲んだくらいじゃ、とても効かないと思うよ」

あとがき　売らせない日本

経済が、国家の枠をはみ出して暴れ回っている。

たとえマネーが支配する強欲資本主義でも、これに代わる制度はないと、私たちは長い間刷り込まれてきた。

共産主義や社会主義は機能しないだろう、資本主義は完全ではないかもしれないが、現時点での選択肢はこれしかない、バージョンアップしてゆくしかないのだと。

だが、本当にそうだろうか？

公共サービスに関する調査をするオランダの非営利団体「トランスナショナル・インスティテュート」によると、現在ヨーロッパを中心とする世界各地で、経済的に非効率な公営でもなく、人道的に不公正な民営でもなく、市民による運営自体の民主化によって、コスト削減と充実したサービスの両方を備えた全く新しい制度が次々に実現しているという。

「公共サービスを民間に売り渡すことは、結局高くついただけじゃなかった。一番の損失は、私たち一人ひとりが自分の頭でどういう社会にしたいのかを考えて、そのプロセスに参加するチャンスを失うことの方でした」

スペインのテレッサ市の市民議会に加わったという31歳のシルビア・マルティネスは私に言った。

「国民はいつの間にか、何もかも〈経済〉という物差しでしか判断しなくなっていた。だから与えられるサービスに文句だけ言う〈消費者〉になり下がって、自分たちの住む社会に責任を持って関わるべき〈市民〉であることを忘れてしまっていたのです」

彼女の住むテレッサ市は、水道の運営権を民間から買い戻し再公営化したことをきっかけに、水道を、消費する「商品」でなく「全住民の共有資産」として位置づけることを決定、市議と市民が連携し、共に責任を持って持続可能な水道運営をデザインしていくことを決めたという。

アメリカではモンサント社のジョンソン評決が出た後、ようやく大手マスコミが後出しジャンケンを開始、大手シリアルメーカーの商品からグリホサートが検出されたという環境団体の報告をどしどし取り上げるなど、どこかで見たような鮮やかな手のひら返しぶりだ。

マムズ・アクロス・アメリカと共に遺伝子組み換え食品の表示を求めるバージニア州在住の

2児の母エミリア・ヴェネスは、興奮した声でこう言った。

「明らかに潮目が変わりましたね。マスコミがモンサント批判を解禁したことが何よりの証拠です。議論できるようになったことが本当に嬉しい。だっておかしいと思ったことを口に出せないことが、一番社会を腐らせていくんですから。私たちは成分表示にこだわったために、オバマ大統領の署名したザル同然の食品表示法でごまかされてしまったけれど、これからはグリホサートそのものの廃止を堂々と行政に要求します」

「農薬や遺伝子組み換え食品の安全性についての議論も、これをきっかけに大きくなっていきますね。答えが出るまでには時間がかかるかもしれませんが」

「ええ、行政やメーカー側は、長期の検証データがないので危険である証明はできないと言い続けるでしょう。それは事実でしょうし、彼らはこの先もずっと認めないかもしれない。私たちのグループも、不確定なことで騒いで風評被害をまき散らすなと叩かれています。でもね、重要なのはそこじゃない。私たち消費者が、自分の頭で考えて判断して、食べるものを選ぶこと。行政の役割は、不確定だから野放しにするのではなく、市民が〈選択肢を持てる環境〉を作ることなんです」

「選択肢を奪わせないために、市民ができることは何でしょうか？」

「情報公開や正確な安全性テストを、納得いくまでさせるようちゃんと要求していかなきゃいけません。何も考えずにスーパーでものを買って、何の疑問も持たずに家族に食べさせていた私のような主婦にだってできるんですよ。子供のアレルギーがきっかけで初めて関心を持って調べ始めたけど、食べ物を選ぶ権利を守るために今親たちが声をあげることは、あの子たちが大きくなった時に安心して暮らせる社会を渡してあげるために、絶対に必要なことなんです」

2017年5月16日。衆院の地方創生に関する特別委員会は、国家戦略特別区域法及び構造改革特別区域法の一部を改正する法律案の附帯決議の中で、「民間議員が私的な利益の実現を図って議論を誘導し、利益相反行為にあたる発言を行うことを防止する」「特定企業の役員や大株主が審議の主導権を握ることを防ぐため、直接利害関係を有する時は、審議や議決に参加させないことができる」という2点を明記している。

附帯決議に拘束力はないが、これを大きな力に変えるべく、日本の切り売りを止めようと声をあげた心ある議員たちを、今度は私たちが後押しする番だ。

「声をあげ続けることで、企業も変わりますか？」

「変わりますよ。ただ黙って商品を買うだけの受け身の消費者じゃなくて、子供のために安心して食べられるものが欲しい、と意思表示する消費者になることが、企業を育てることにもなるんです。今回の判決で、国内の大手スーパーも慌てて表示ラベルを変える準備を始めたようですよ。子供と同じで、間違ったことをしたらちゃんと叱って育てないとね」

もちろんモンサント社は安全性を主張して上訴する。今度はとびきり高額で、敏腕な企業弁護士を出してくるだろう。そう言うとエミリアは、清々しい笑い声をあげた。

「想定内ですよ。グリホサートは長期の実験結果がないというのが彼らの強みですからね。でも余命数カ月のジョンソン氏が勇気を出して裁判を闘ってくれたことが、同じように苦しむ世界中の仲間たちの背中を押したんです。私たちと同じごく普通の市民である12人の陪審員が全員、科学者や政府やマスコミの言うことを信じなかった。それはすごいことでしょう？

裁判が終わる頃には、ジョンソン氏はもういないかもしれない。でも彼のくれたものが途切れてしまわないように、諦めてしまう人がこれ以上出ないように、必ず私たちが後につないでいきます。何よりもこの先の未来を生きてゆく、子供たちのために」

高速の点で次々にやってくるニュースに慣れて、自分の頭で考えるのをやめてしまえば、「今だけカネだけ自分だけ」の狂ったゲームを暴走させ、足元が崩れるスピードは増してゆくだろう。

だが何が起きているかを知った時、目に映る世界は色を変え、そこから変化が始まってゆく。

水道や土や森、海や農村、教育や医療、福祉や食の安全……あるのが当たり前だと思っていたものにまで値札がつけられていたことを知った時、私たちは「公共」や「自然」の価値に改めて目をやり、そこで多くのものに向き合わされる。他者の痛みや、人間以外の生命、子供たちがこの先住む社会が、今を生きる大人たちの手の中にあることについて。

エミリアが言ったように、私たちの一瞬一瞬の選択が、未来へのギアを入れ直すのだ。

最後に、この本を世に出すチャンスをくれた幻冬舎新書の担当編集者である四本恭子さんに、この場を借りて深い感謝を捧げます。どんな状況にも動じず、著者を信頼し、共に素晴らしい本を世に送り出そうとひたむきに努力するその姿勢に、執筆中本当に助けられました。いつもそばで支えてくれる夫や家族、愛猫、事務所スタッフに友人たち、国内外から温かい励ましの手紙やメールをくれるたくさんの読者の方々にも。

四半期利益ではなく、100年先も皆が共に健やかで幸福に暮らせることの方に価値を置き、ユネスコが無形文化遺産に登録した、「協同組合」の思想。それが、強欲資本主義から抜け出して第三の道へ向かおうとする人類にとっての貴い羅針盤となることを、この間出会った農業や漁業、林業に医療、福祉や教育、自治体や協同組合関係者、同じ祈りを共有する多くの国の人々が教えてくれました。

敬愛する故宇沢弘文先生がいうように、人間を大切にしない経済学に価値などないのです。そのことに気がつき、未来を選ぶ自由を決して手放さないと決めた世界中の仲間たちへ、心からの愛をこめて。

２０１８年９月

堤　未果

参考文献

『人間の経済』（宇沢弘文著・2017・新潮新書）
『なぜ韓国は、パチンコを全廃できたのか』（若宮健著・2010・祥伝社新書）
『亡国の漁業権開放』（鈴木宣弘著・2017・筑摩書房ブックレット）
『日本のお米が消える』（「月刊日本」2月号増刊・2018・ケイアンドケイプレス）
「水道法の一部を改正する法律案」（内閣提出第48号参考資料・衆議院調査局厚生労働委員会）
『日本版カジノのすべて』（木曽崇著・2014・日本実業出版社）
『まる分かり平成30年働き方改革関連法〔改正労基法編〕』（労働新聞社編・2018・労働新聞社）
『ルポ ニッポン絶望工場』（出井康博著・2016・講談社＋α新書）
『新 移民時代～外国人労働者と共に生きる社会へ』（西日本新聞社編・2017・明石書店）
『JAに何ができるのか』（佐藤優、奥野長衛著・2017・新潮社）
『TPPと日本の論点』（農文協編・2011・農山漁村文化協会）
『築地』（テオドル・ベスター著・福岡伸一、和波雅子訳・2007・木楽舎）
『労働基準監督署の仕事を知れば社会保険労務士の業務の幅が広がります！』（村木宏吉著・2017・日本法令）
『ここが変わった！ 改正介護保険サービス・しくみ・利用料がわかる本』（川村匡由著・2018・自由国民社）
『入門 東南アジア近現代史』（岩崎育夫著・2017・講談社現代新書）
『自給飼料生産・流通革新と日本酪農の再生（日本農業市場学会研究叢書）』（荒木和秋、杉村泰彦著・2017・筑波書房）
「主要農作物種子法復活法案について（概要）」（衆議院ホームページ）

「主要農作物種子法を廃止する法律案の概要」（農林水産省ホームページ）
「特定複合観光施設区域整備法案」（参議院ホームページ）
「農業競争力強化支援法案の概要」（農林水産省ホームページ）
「漁業法等の一部を改正する法律案」（衆議院ホームページ）
「卸売市場法及び食品流通構造改善促進法の一部を改正する法律案」（参議院ホームページ）
「牛乳・乳製品の生産・流通等の改革」（農林水産省資料）
「森林経営管理法案」（衆議院ホームページ）
「働き方改革を推進するための関係法律の整備に関するための法律案」（厚生労働省資料）
「外国人の技能実習の適正な実施及び技術実習生の保護に関する法律」（厚生労働省資料）
『タネはどうなる?!』（山田正彦著・2018・サイゾー）
『日本人が知らない漁業の大問題』（佐野雅昭著・2015・新潮新書）
『国家戦略特区の正体』（郭洋春著・2016・集英社新書）
『政府は必ず嘘をつく　増補版』（堤未果著・2016・角川新書）
『政府はもう嘘をつけない』（堤未果著・2016・角川新書）
『ルポ　貧困大国アメリカ』（堤未果著・2008・岩波新書）
『ルポ　貧困大国アメリカⅡ』（堤未果著・2010・岩波新書）
『（株）貧困大国アメリカ』（堤未果著・2013・岩波新書）
『社会の真実の見つけかた』（堤未果著・2011・岩波ジュニア新書）
『沈みゆく大国アメリカ〈逃げ切れ！　日本の医療〉』（堤未果著・2015・集英社新書）

『労基法等、最新労働法の改正と実務対応』（布施直春著・２０１８・経営書院）
『小さい林業で稼ぐコツ　軽トラとチェンソーがあればできる』（農文協編・２０１７・農山漁村文化協会）
『ＩＭＦ・世界銀行と途上国の構造改革　経済自由化と貧困削減を中心に』（坂元浩一著・２００８・大学教育出版）
『牛乳が食卓から消える？　酪農危機をチャンスに変える』（鈴木宣弘著・２０１６・筑波書房）
『CRISPR（クリスパー）　究極の遺伝子編集技術の発見』（ジェニファー・ダウドナ、サミュエル・スターンバーグ著・櫻井祐子訳・２０１７・文藝春秋）
『移民の政治経済学』（ジョージ・ボージャス著・岩本正明訳・２０１７・白水社）
『経済財政諮問会議の戦い』（大田弘子著・２００６・東洋経済新報社）
『第４次産業革命！　日本経済をこう変える。』（竹中平蔵著・２０１７・ＰＨＰビジネス新書）
『続・善と悪の経済学　資本主義の精神分析』（トーマス・セドラチェク、オリヴァー・タンツァー著・森内薫、長谷川早苗訳・２０１８・東洋経済新報社）
『暗い時代の人々』（ハンナ・アレント著・阿部齊訳・２００５・ちくま学芸文庫）
『日本農業の真実』（生源寺眞一著・２０１１・ちくま新書）

European Parliament and of the Council. Regulation (EC) No 1107/2009 of 21 October 2009 concerning the placing of plant protection products on the market and repealing Council Directives 79/117/EEC and 91/414/EEC. Off J Eur Union. 2009:1-50.
US Environmental Protection Agency (EPA). Basic information about glyphosate in drinking water.
Reclaiming Public Services, www.tni.org/en/publication/reclaiming-public-services
Beppe Grillo's Five Star Movement: Organisation, Communication and Ideology 1st Edition, (Filippo Tronconi).

Unstoppable : Transforming Sickness and Struggle into Triumph, Empowerment, and a Celebration of Community, by Zen LaBossiere Honeycutt. Moms Across America Publishing 2018/5.

William Erskine, Agriculture System in Iraq Destroyed : Press Release June 30, 2003.

Young F, Ho D, Glynn D, Edwards V. Endocrine disruption and cytotoxicity of glyphosate and roundup in human JAr cells *in vitro*. Integr Pharmacol Toxicol Genotoxicol. 2015;1(1):12–19.

Monsanto Loses Landmark Roundup Cancer Trial, Set to Pay USD 289 Million in Damages: by Sustainable Pulse, Aug/11/2018.

Monsanto Guilty Verdict Is Only Beginning: by F William Engdahl, NEO, Aug/15/2018.

Megaregionalism-2-0-Innovation-Scientific Internationale book/

Bøhn T, Cuhra M, Traavik T, Sanden M, Fagan J, Primicerio R. Compositional differences in soybeans on the market: Glyphosate accumulates in Roundup Ready GM soybeans. Food Chem. 2014. doi:10.1016/j.foodchem.2013.12.054.

https://www.documentcloud.org/documents/1690645-iarc-monographs-volume-112-evaluation-of-five.html

European Commission Health & Consumer Protection Directorate-General. Review report for the active substance glyphosate. 2002.

US Environmental Protection Agency (EPA). Basic information about glyphosate in drinking water. 2014. http://water.epa.gov/drink/contaminants/basicinformation/glyphosate.cfm#four.

Radical change for Swiss agricultural policy goes to vote.(2018.Sep 23 swissinfo.ch)

GMO Free : Russia to Become Top Producer of Organic Food
(Centre for Research on Globalization Aug 12, 2017)

General Mills Removes '100% Natural' Label from Nature Valley Granola Bars after Glyphosate Lawsuit : By Sustainable Pulse, Aug/27/2018

著者略歴

堤 未果《つつみみか》

国際ジャーナリスト。東京生まれ。ニューヨーク州立大学国際関係論学科卒業。ニューヨーク市立大学大学院国際関係論学科修士号。国連、アムネスティ・インターナショナルNY支局員、米国野村證券を経て現職。米国の政治、経済、医療、教育、農政、公共政策、エネルギーなどをテーマに、現場取材と公文書による調査報道で活躍中。日本と海外を行き来しながら講演・各種メディアに出演。多数の著書は海外でも翻訳されている。二〇〇六年『報道が教えてくれないアメリカ弱者革命』で黒田清・日本ジャーナリスト会議新人賞、二〇〇八年『ルポ 貧困大国アメリカ』(三部作、岩波新書)で中央公論新書大賞、二〇〇九年に日本エッセイスト・クラブ賞受賞。『沈みゆく大国アメリカ』(二部作、集英社新書)、『政府は必ず嘘をつく』(二部作、角川新書)、『核大国ニッポン』(小学館新書)、『社会の真実の見つけかた』(岩波ジュニア新書)、『アメリカから〈自由〉が消える』(扶桑社新書)他著書多数。夫は参議院議員の川田龍平氏。

幻冬舎新書 517

日本が売られる

二〇一八年十月五日 第一刷発行
二〇二三年九月十日 第二十二刷発行

著者 堤 未果

発行人 見城 徹
編集人 志儀保博
発行所 株式会社 幻冬舎
〒一五一-〇〇五一 東京都渋谷区千駄ヶ谷四-九-七
電話 〇三-五四一一-六二一一(編集)
〇三-五四一一-六二二二(営業)
公式HP https://www.gentosha.co.jp/
ブックデザイン 鈴木成一デザイン室
印刷・製本所 中央精版印刷株式会社

JASRAC 出 1809915-322

検印廃止

Printed in Japan ISBN978-4-344-98518-6 C0295
つ-4-1

*この本に関するご意見・ご感想は、左記アンケートフォームからお寄せください。
https://www.gentosha.co.jp/e/

幻冬舎新書

中野剛志
日本の没落

ドイツの哲学者シュペングラーの『西洋の没落』が百年前に予言した経済成長の鈍化、少子化、民主主義の死といった事象にどうしたら抗えるのか。気鋭の評論家が日本人の生き方を問い直す。

井上章一
日本の醜さについて
都市とエゴイズム

欧米人とくらべて日本人は協調性があると言われるが、日本の街並は調和とはほど遠い。ローマと東京、フィレンツェと京都――世界の都市景観をくらべて見えてきた、真の日本人の精神とは？

橋本卓典
金融排除
地銀・信金信組が口を閉ざす不都合な真実

「十分な担保・保証がある企業以外には貸し出しをしない」という「金融排除」を銀行自らが疑いもしないのはなぜか。「銀行消滅」に怯える前に、地方金融が活性化する方策はいくらでもある！

島田裕巳
葬式格差

安い火葬代、小さな骨壺、遺骨引き取り不要、1万円で納骨可能……同じ死ぬなら、西日本にかぎる。こんな葬り方があるのか!?　盲点だった、なぜか知られていない全国他所の地域の常識を公開！

幻冬舎新書

宮本太郎＋ＢＳフジ・プライムニュース編
弱者99％社会
日本復興のための生活保障

生活保護者数２０５万人、完全失業者数３３４万人……これらは「格差限界社会」の序章に過ぎず、もはや一刻の猶予も許されない。社会保障改革へ、有識者達による緊急提言。

半藤一利
歴史と戦争

幕末・明治維新からの日本の近代化の歩みは、戦争の歴史でもあった。過ちを繰り返さないために、私たちは歴史に何を学ぶべきなのか。八〇冊以上の著作から厳選した半藤日本史のエッセンス。

小長谷正明
世界史を動かした脳の病気
偉人たちの脳神経内科

ジャンヌ・ダルクが神の声を聞いたのは側頭葉てんかんの仕業？　南北戦争終結時、北軍の冷酷なグラント将軍が南軍に寛大だったのは片頭痛のせい？　リーダーの変節を招いた脳の病を徹底解説。

佐々木俊尚
広く弱くつながって生きる

人とのつながり方を「浅く広く弱く」に変えた著者。その結果、組織の面倒臭さから解放され、世代を超えた出会いが広がり、仕事が沢山舞い込んできた。人づきあいと単調な日々を好転させる方法。

幻冬舎新書

丸山俊一＋NHK「欲望の民主主義」制作班
欲望の民主主義
分断を越える哲学

世界中で民主主義が劣化している。今、世界の知性たちは何を考えるのか――？　若き天才哲学者、マルクス・ガブリエルら六人が考察する政治変動の深層。世界の現実を知る必読書。

岸博幸
オリンピック恐慌

好景気は続くが、東京五輪まで。五輪特有の盛り上がりが終われば経済は厳しい局面に入る。個々人は来る危機に備え、稼ぐ力を身につけたい。年金に頼らず75歳まで働くことも想定すべきだ。

木原誠太郎
47都道府県格差

政府の統計から寿命、年収、子どもの学力など31項目の全国ランキングを作成。さらにこのランキングに県民性を調べたアンケート結果を照らし合わす。都道府県の格差は県民性がつくっていた!?

足立照嘉
サイバー犯罪入門
国もマネーも乗っ取られる衝撃の現実

世界中の貧困層や若者を中心に、ハッカーは「ノーリスク・ハイリターン」の人気職種。さらに、犯罪組織やテロリストは、サイバー犯罪を収益事業化。今、〝隙だらけの日本市場〟が狙われている！